古来未発

米株易占

付録　相場正夢考

九鬼盛隆

碩果子 九鬼盛隆述

宗義會筆錄

古來未發 米株易占

附錄相場正夢考

東京 信義堂藏版

叙

易占の道、淵源遠く其術多岐、未だ一を執り以て宗とするに足るの書あるなし。唐宗以前傳に於て神通の人ありしを聞くも、憾むらくは遺籍極めて鮮く、之を究むるに由なし。我國の如き古來未だ一人の達人ありしを見ざるは、蓋し是れ學者は經義の穿鑿にのみ偏し、古人は多く無學にして玄奥の微を遺書に索むる能はざりしに由るなり。近古新井白蛾、眞勢中洲等頗る唱道に努め、今人亦之を宗とするもの多きも、新井の如きは未だ易の閫奥に達せず、眞勢は辯說多くして益々眞を紊し、却て後學を惑るもの尠からず。余常に之を憾とし前年余が恩師根本博士在世の時より之れが研究に志ありき、然れども師の邸に寓するに至りてよりは日常其代講を命ぜられ、或は師が著作の對勘に事へ、又別に國學院に敎鞭を執り、身に寸閑なかりし爲め姑く之を心に潜めしも、先師歿後浸く之れが研鑽を創めしに、從來或る一面の學者の爲めに排斥せられたる占法に於て卻て非常の妙趣あるを曉る。而して數年研究を積むに及びて、益々占道の微妙は周易彖爻象義の外、別に鬼谷子が創發に係る、易の卦爻に據る陰陽五氣の生剋制化の斷法に愈々至妙の理あるを悟る。然りと雖其參考とすべき書册の資料に乏しく、方今世に傳はる支那の占書は、多く漢の京房の流を酌み、大に鬼谷子の古法を亂したるものゝみ、其中二三京房の神殺を排せる書なきにあらざるも、年を經るの久しき頗る諸儒の陋説を混じ玉礫混淆宛も砂中に金を探るか如き感なき能はず、是れ大に選擇に苦心せし所にして、今や稍一定の見を立つることを得るに至れり。近來又種々の古易書を讀むに及びて、更に驚くべき事實を發見せり、他なし支那の占道の名家は陰然皆此法を資り、而も表面は周易に假托して斷を爲せし證跡歴然たるものあるを。故に余は益々興味を感じ、日夜潛心研究を積み、時に斯法を以て實驗に徵するに其應神の如きあるを覺ゆ。仍て以上自發の斷法を編して、世間易道に熱心なる士人に傳へんと欲するも、之を具體的に編輯するは容易の業にあらず、未だ其餘裕なきを遺憾とせしに、近來東京易道研究の機關たる宗義會の知る所となり其悃請を容れ、先づ易占中最も至難とする相場占斷に應用すべきものを通俗的に口演し、同會に於て筆錄し、今回更に信義堂主人が强ひて印行せんとするの請を諾し之を授けり、今繕書を齎らし來り序言を乞ふ、依て此に所思を述べ以て叙と爲す。

九鬼碩果子識

占筮の心得

凡そ易を以て相場を占んとするには左の要件を心得ざるべからず

一、先づ筮具を備ふべし、普通の筮法なれば筮竹《ぜいちく》五十本及び卦木《さんぎ》六方木を要し、擲錢法なれば文錢（或は他の錢にても宜し）三文を清淨にして用ふべし。

一、將に占んとするときは神前又は閑室に端坐し、心を靜肅にし（氣を沈め精神を統一する爲暫く深呼吸を行ふを可とす）後敬

みて策を楪るべし、薫香を炷くも妙也
一、筮法は何れの法式に據るも至誠を以てせば其感應を受くるは同一也（詳きは前著筮法詳解に載せり）
一、三變筮の法式（俗に略筮と云）左に
筮竹五十本を兩手にて捧げ之を能く混交し、占ふ事柄を明かに示されんことを神靈に祈禱し終りて、筮竹の中央より一本を除きて机上に置く、殘四十九本を取り兩手にて交せ無我無心になりて之を二つに分つ、其右手の一半を机上に置き、其中より一本を左手の小指の間に挾み、其左手に持せる一半の筮竹を右の手にて二本づゝ四度除去す、乃ち八揲に爲し殘る數に小指間の一本を加へて其殘數を見るべし

一本殘れば、☰、乾の卦なり之を天と謂ふ

二本殘れば、☱、兊の卦なり之を澤と謂ふ

三本殘れば、☲、離の卦なり之を火と謂ふ

四本殘れば、☳、震の卦なり之を雷と謂ふ

五本殘れば、☴、巽の卦なり之を風と謂ふ
六本殘れば、☵、坎の卦なり之を水と謂ふ
七本殘れば、☶、艮の卦なり之を山と謂ふ
八本殘れば、☷、坤の卦なり之を地と謂ふ
右の中何れにか相當するものを得、之を内卦又下卦とも謂ふ、
即ち如圖卦木を下に配置す
次に又右同樣四十九本を交せ合して更に得たる卦を外卦又上卦

とも謂ふ、前の如く卦木を上に配置す

以上二卦を重ぬれば、六十四卦中何れの卦にか相當するものあるべし、是れ卽ち本卦なり

次に變爻を見るべし、其法は前同樣に四十九本を混交し、今回は二本づゝ三度除去す、乃ち六揲に爲し、又小指に挾める一本を加へて其數を見るべし

一本殘れば、初爻變なり

二本殘れば、二爻變なり

三本殘れば、三爻變なり
四本殘れば、四爻變なり
五本殘れば、五爻變なり
六本殘れば、上爻變なり
例して之を示さば、初の楪筮に一本殘るときは ☰ 乾卦なり、次の楪筮に八本殘るときは ☷ 坤卦なり、之を合列すれば左の卦となる

䷊ 本卦、地天泰と謂ふ

次に變爻を求めしとき二本殘るときは、之を二爻變と謂ふ、變爻も亦下より上へ起算するなり、(變卦は地火明夷の卦となる、變卦を判斷に應用するの途多々あれども本篇には用途なきを以て之を略す)

右にて一筮畢るなり、卽ち地天泰の卦に對照して判ずべし、若一年中の高低を占ひたらんには、冬に高直あることを知り、近き將來の占ひなれば、大體は安き卦とあれども、二爻變には持合强含みとあり、若申の日に占ひたりとせば、必ず高直あるべ

しと斷ずべきなり（日の十二支と變爻とは重しと知るべし）他は皆之に準ず

一、擲錢筮の法式、左に

是も前式同様に謹みて錢三文を取り、之を右の掌に載せ、左掌にて覆ひ能く振蕩して、淸き布又は白紙の上に擲ぐべし

初回に擲げたる三文の錢は第一爻を得るなり、之を初爻と云ふ、二度目に擲げたるは第二爻なり、三度目は第三爻なり、四度目は第四爻なり、五度目は第五爻なり、六度目は第六爻な

り、之を上爻と謂ふ

凡て錢の表  を陰とし、裏  を陽とす、其理は陽は天にして覆ひ、陰は地にして仰ぐが故なり

、老陽と云、  此符號を記す、老陽少陰に變ず

、少陰と云、 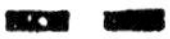 此符號を記す、少陰は變ぜず

、少陽と云、  此符號を記す、少陽は變ぜず

、老陰と云、  此符號を記す、老陰小陽に變ず

右の符號は一爻を得る毎に紙に記すべし

例して之を示さば、式の如く錢三文を擲げ、初めに   が出づれば是れ即ち少陽なり ━ を記し、次に 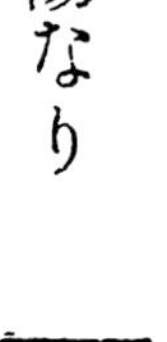  が出づれば少陰なり ━ ━ を記し、三度目に  が出づれば老陽なり □ を記し、四度目に  が出づれば老陰なり × を記し、五度目に  が出づれば少陽なり ━ を記し、六度目に  が出づれば少陰なり ━ ━ を記す、而して □ (三爻) × (四爻)の兩爻が變爻と

なるなり、因に記す少陽は上中下何れにても陽（錢の裏）一文あるを云ふ、少陰は上中下何れにても陰（錢の表）一文あるを云ふ、何れも其少きを主とするが故なり

以上を重ぬれば左の卦となる

上爻	五爻	四爻	三爻	二爻	初爻
⚋	⚊	×	□	⚋	⚊
少陰	少陽	老陰	老陽	少陰	少陽

本卦　水火既濟　三四爻變

變卦　澤雷隨

右にて全く六爻を得て一筮畢るなり、之を別項の目次に就て索め、本卦水火既濟の卦に就き其大體と三四兩爻の變を見、又占

日の十二支により之を綜合して前記の判斷例同樣に高低を斷すべし

一、既に臨占の大要は擧げたるも、　時に不變の卦を得ることあり、　斯る場合には日の十二支最も重く大體の卦意を參酌すべし、　變爻は見るを要せず、　又變爻非常に多きときは、　安き意か多きか、　高き意多きかを見て、　其多きを取り少きを捨つべし、六爻皆變ずるときは變爻を見るを要せず、　本卦の大體を以て現在の相場を判し、　變卦の大體を以て將來を推すべし

六十四卦目次

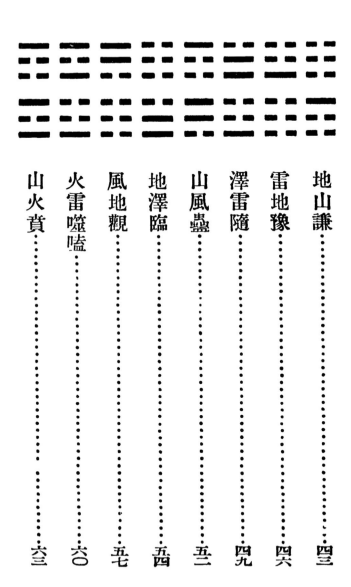

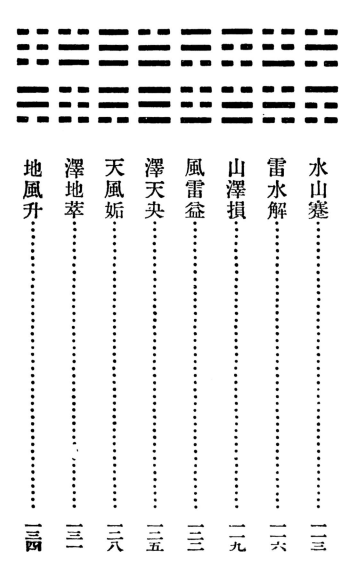

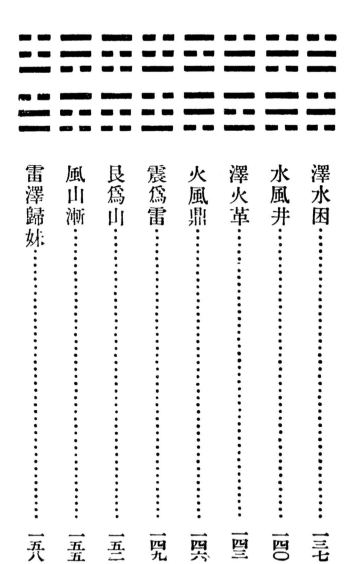

目次終

本編を講ずるに先つて、玆に一言斷つて置かねばならぬ亊がある、幵は今余が講ずる所の斷則の原理は、周易の判斷法とは、全然其趣きが違ふ、例へば周易は、嘗て占得せし卦と、今同一の卦變を得し判斷とは、特別の事情なき限りは、復同一の斷を下すが定例である、然るに本編に應用せし斷則は、其占得せし時の異なる以上は、例へ同一の卦及び變にても、絶對に判斷を異にせねばならぬが定律である、是れ著しく其相違する點である、殊に相場の如き、時々刻々に變化窮まりなき活物に應用するに、周易の如き宏漠なる判斷法を以て、正確に的中せんことを欲するは、猶ほ樹に縁りて魚を求むる如きもので、輙ち吾が唱道する斷法の妙趣は、實に此に存するのである（從來世に行はるゝ斷易と稱し、五行易と稱する斷法に類するものであるが、實は其の斷法に於て大に異なる點がある）然らば先づ其判斷の法則を、精しく講じて、然る上に概例として應用を示すが本意であるが、惜むらくは其斷則には、一定の律が一貫して居るものの、其間非常に複雜極まるものがあつて、若し一の闕因でも見遺さうものなら、其結果に天淵の差を來すのであるから、之を自在に活用するに至るまでは、餘程熟練を積まねばならぬ、悠か斷則を略述するが如きは、却て初學の惑を生じ煩を増さしむる計りで、決して益する所がない、殊に今回は何人にも直接に應用出來る樣にとの注文であるから之を省くことにした、何れ諸君が本篇を實試して、其効果を識認せられたならば、自ら進みて精しく研究して見たき念の起るは、蓋し自然の結果であろふ、其れまでには余は人事百般の斷則を極く精密に説明したる著作を、完成する積りであるから、其時には諸君は勞せずして、斯道を研究することが出來樣と思ふ、若し特に早く研究したき篤志者あれば、成べく其の便利を計ることにしませう特に此に一言して置く

古來未發 米株易占

碩果子 九鬼盛隆述
宗義會筆錄

☰ 乾爲天

此卦は易六十四卦の元首にして又易全體の父卦なり、而して卦は純陽にして變化窮りなし、故に相場の高低を占ひ此卦を得ば其直頃と人氣の如何を察せざるべからず、若し高直を極むるときなれば是より必ず下り又安直を極むるときは是より上ると知るべし、中直にあるときは多くは持合なり、然れども占ひし月日の十二支の參酌を忘るべからず、是れ斷法の玄機の存する所なればなり、
◎此卦高低共に止り節及び直巾は三八の數を以て標準とすべし
・・・・・・・
◎一年中の高低を占ひ此卦を得ば、▲春、往來ありて高し、▲夏、高下激變あるも大なる傾きなし、▲秋、初め强硬に持合後大に下る、▲冬、持合相場にして變動少なきを常とす然れ共時に高きとあり、
・・・・・・・
◎此卦を占ひ得たる時、●亥子の日なれば高し、●寅卯の日なれ

ば大に高し、●丑戌の日なれば持合、●辰未の日なれば安し、●
己午の日なれば持合、●申酉の日なれば大に安し、
○初爻變、初めは高くして後少しく安し
○二爻變、大に高し
○三爻變、少し安き方なれども持合こともあり
○四爻變、大抵持合なれども月支日支によりて高きことあるべし
○五爻變、大に安し相場崩るゝことあり
○上爻變、少しく下りて後持合

䷁
坤爲地

此卦も亦前卦乾爲天の父に對する母にして易六十四卦の親卦なり、而して卦は純陰にして變化多し、故に其占斷に於ても乾卦同樣時の相場の直頃によりて其判斷の趣きを異にせざるべからず、全體は陰卦なれば陽卦の如く急激ならずして却て根強き所あり(口傳あり筆にし難し)宜しく經驗を積むべし

◎此卦高低共に止り節及直巾等は一六の數を以て標準とすべし

◎一年中の高低占、▲春、小相場にして變動少し、▲夏往來あり て後大に安し、▲秋、初め小安く往來ありて後高し、▲冬大に上 る亥の月殊に高し、

◎此卦を占ひ得たる時、●亥子申酉の日なれば高し、●丑辰未戌 の日なれば安し、●己午の日なれば安し、●卯寅の日なれば持合 にして下げ難き相場なり、

○初爻變、普通安きを以て判ずべし、若し相場高直續くときは此 爻を得れば相場崩壞す、

○二爻變、安し然れども大相場ならず、

○三爻變、高下往來あるも傾かず、

○四爻變、大に安し、然れども日支によりて異なり若し未の日に占ひ得たるときの如きは却て下らずして高きことあり、

○五爻變、初より中頃に至りて大に高くして後少しく押目あり

○上爻變、高し、買方腰入強し、

䷂ 水雷屯

此卦は通常持合ふこと多く、上らんとして上らず、安き様を示して下げ澁り、兎角行難むこと多し、故に多少高下あるも驚くを要せず、高直は賣り、安ければ買向ふ方針を取れば必ず勝利を得べし

米其他の相場は普通安き方多きも大なる傾きなし、

株は普通高き方多けれども是亦甚しからず

◎此卦高低共に止り節及直巾は二一或は七の數を以て標準とすべし、

◉一年内の高低占、▲春、諸相場共に高下順調にして其足取に附くべし少し高き方、▲夏、上直出づべし、午の月最も頂上を極む、▲秋、高下往來あるも傾かず後少しく安し、▲冬、歳内中最も安直を出す、子月底直あり、

◎此卦を占ひ得たる時、●午の日なれば大に高し、●己寅卯の日なれば高し、●亥子の日なれば大に安し、●申酉の日なれば安し●丑辰未戌の日なれば大抵持合相場にして動き少し、戌の日は安き方多し然れども此際は見送りて手出しせざるを可とす

○初爻變、安けれども後戻あり、

○二爻變、漸々高し、强力なる大手筋の買聯合等現はるゝことあり

○三爻變、持合相場にして後少し安し、

○四爻變、順次に安し、

○五爻變、初め持合ひ後下る、

○上爻變、初め大に安く後反動高あり

䷃ 山水蒙

此卦は通常平穏の相場にして、時に或は少し高きこともあれど、多くは高下持合を以て斷ずべし、期米は産米多からざるも、農家の賣出多く、爲めに市場の出廻り少なからず、自然正米に伴れて漸次下押すこと多し、若し高きことあるも、突飛なる上げはなし、株は總て好況の材料多く隨て高き方、

◎此卦高低共に止り節及直巾は四或は九の數を以て標準とすべし、

◎一年中高低占、▲春、高下少くして安持合、▲夏、往來激變あるも安き方勝なり、土用中は却て高直を現はす、▲秋、高下共に變多し、多くは高き方、▲冬、往來あるも持合にして傾かず、

◎此卦を占ひ得たる時、●酉の日なれば大に高し、●申辰戌己の日なれば小高し、●未子亥の日なれば持合、●午の日なれば大に安し、●丑寅の日なれば小安し、

○初爻變、安き方多し、

○二爻變、初め高く後持合にて變動少し、

○三爻變、强氣大手の氣變りありて相場一時急落ありされど後少しく戻あり、

○四爻變、漸々上昇し緩みなし直の如何に係はらず買建に利あり、

○五爻變、持合相場にして後少し安きに止まる、

○上爻變、小安く始まり後高し、

䷄ 水天需

此卦は總體初め弱くして後强き卦なり、然れども高下共に其節を失ひ格外の直段は出すことなし、四季共に土用中は下向の方を以て斷ずべし

期米株式共他諸相場共に月建日辰の障なくんば、此卦を占得せし日より、漸次好調に向ふこと多し

◎此卦高低共に止り節及直巾は一或は六の數を以て標準とすべし

◎一年中の高低占、◎春、往來あるも傾かず持合こと多し、▲夏、往來あるも安きに終る、土用中は殊に安し、▲秋、諸相場共に漸々好調に向ふ、▲冬、初め亂調にして後歳內最も高直を現はすべし、子の月に上る相場は天井知らずの感あるべし、

◎此卦を占ひ得たる時、●子亥申酉の日なれば高し、就中申の日最も高し、●寅卯の日なれば下らざれども上も亦大ならず畢竟持合なり、●己午の日なれば安し、●戊未丑辰の日なれば必ず安し、

○初爻變、初め高くして後少しく押目あり

○二爻變、平穩の相場にして動少し

○三爻變、少し安き方

○四爻變、必ず高し、時に或は不時入りて急上げあることあり然れども是れ尋常の相場にあらざれば變あることあり必ず長逐すべからず

○五爻變、大に下る

○上爻變、下直なくして漸次上る、或は天井打つことあり

☰☵（hexagram）

天水訟

此卦は通常不自然の相場を出すこと多く、當然下るべき相場が下らずして却て高きことあり、是れ强氣の大手筋が思惑ありて一時無理に釣り上げるが爲めなり、然れども結局大勢に克つ能はず、其反動として意外に暴落することあり、株米共其頽勢を觀るときは一擧追擊して大利あり

◎此卦高低共に止り節及び直巾等は四或は九の數を以て標準とす

べし
◎一年内の高低占、▲春、人氣々迷ひ多き相場にして初めは安持合にして後少しく高し、▲夏、相場亂調にして變化測り難く後大に崩壞す、期米は殊に甚し、▲秋、順次に高し買建に必利あり、▲冬、平穩の相場にして動かず、亥の月日建に占得せば不時入りて高きことあり
◎此卦を占ひ得たる時、●申酉辰戌の日なれば大に高し、●子亥未己の日なれば少し高し、●寅卯丑の日なれば安し、●午の日な

れば大に安し、强氣筋の投げ玉の爲め却て自ら賣崩すことあり
○初爻變、下落の方
○二爻變、大に高し買方は突進して買ひ賣方は煎れ出て急昇することあり
○三爻變、漸次に下り後少し戻あり
○四爻度、大に安くして相場の形勢一變することあり
○五爻變、大暴騰あり賣方の煎れ玉出でゝ一時天井直を出すことあり

○上爻變、高き方なれども時に變あることあり

䷆

地水師

此卦は初め上らんとしては下落し常に强剛なる氣配を示しつゝ下降しては底直を固め、後大に高直を現はすの相場にして、大手强氣筋の腰入固く且つ方に上るべき機會に投ずるが故に諸相場とも賣方に立つは大に不利なることを心得ざるべからず

四季の土用共に變多く殊に夏は不時入ること多く變動甚し

◎此卦高低共に止り節及び直巾等は四或は九の數を以て標準とすべし

◎一年中の高低占、▲春、高下持合後大に上るの因を作る、▲夏、大に高し、午の月は歳内中の天井直を出す、▲秋、高下往來あるも持合にして少し安し、▲冬、初め強くして大に安く相場崩潰す

◎此卦を占ひ得たる時、●午寅卯の日なれば大に高し、●巳の日は少高し時に變あり、●丑辰未の日なれば高持合にして下らず、

●申酉戌の日なれば安し、●亥子の日なれば大に安く相場の形勢革る

○初爻變、初め高くして後少し押目あり

○二爻變、强氣筋手控へ買進まずと雖も相場自ら强くして下らず

○三爻變、大に高くして後持合

○四爻變、持合相場なれども底强し

○五爻變、初め激落あるも後小高し

○上爻變、安けれども小相場なり

䷇ 水地比

此卦は相場の仕成平順ならず當然高かるべき相場が上らずして反て下り、下るべき相場に變事入りて高きことある等の實例屢々あり

四季共土用中は大概安きこと多く殊に夏の土用に於ては不時を言ふて却て大に安きことあり

◎此卦高低共に止り節及び直巾等は一或は六の數を以て標準とすべし

◎一年中の高低占、▲春、小往來なれども高下共捉へ難き相場を出す、▲夏、大に安し未の月日最も應あり、▲秋、諸相場共漸々好調なれども就中株は何種共上景氣を呈す、▲冬、初め上るが如く見せては押し少し上りては下り後大に高し

◎此卦を占ひ得たる時、●子亥酉の日なれば高し、●申の日なればば大に高し、●丑辰未戌の日なれば大に安し、●寅卯の日なれば

持合にして動かず、●巳の日なれば安し、●午の日なれば大下落

○初爻變、漸次降る相場大なり

○二爻變、初め安くして後小戻あり

○三爻變、持合相場にして變動少し

○四爻變、不意に高材料出でゝ緩みなく上昇し相場の局面一變す

○五爻變、諸相場共に普通安き方なれども或は變事入りて高きことあり

○上爻變、大に高し或は天井となることあり

☴☰ 風天小畜

此卦は上らんとして頭閊へて上らず、下らんとして堰ある如くにして下らず大抵高下持合にして大なる傾きなき相場を出すこと多し

米は農家持米多きも賣吝みて出廻り少き爲め正米は好調なるも、期米は其れ程に影響せず

株其他の相場は持合にして、動かざるも日を經て後高し

◎此卦高低共に止り節及び直巾等は五或は十の數を以て標準とすべし

◎一年中の高低占、▲春、諸相場共必ず安し、▲夏、期米は高けれども株は却て安きこと多し、▲秋、一上一下往來あるも定まらず結果大なる變化なくして了る、▲冬、平穩にして變動少し

◎此卦を占ひ得たる時、●未午丑戌の日なれば高し、●辰巳の日なれば時により安きことあり然れども普通は小高を常とす、●申の日なれば高く酉の日は少しく高し、●亥子の日なれば槪して安

し、●寅卯の日なれば大に安くして一時の底直を出すことあり
○初爻變、初め小安くして後高し
○二爻變、漸次安し
○三爻變、一旦高くして後持合
○四爻變、押目なくして漸次高く場面革る
○五爻變、普通は持合にして動少き方なれども日支の關係により初め急進して後安きことあり
○上爻變、大暴落あり相場一變す

☱☰ 天澤履

此卦は高低共に平順にして大巾の持合なれば賣買共辛抱して方針を變ぜざれば後何れも利を見ることを得べし

大相場の見込を立て長逐ひすれば失敗を來すべし、故に俗に謂ふナンピン仕掛の賣買を爲すに最も適當の時とす

土用中は四季共に安き傾きあり殊に期米は夏の土用中に著しく安直を現はす

◎此卦高低共に止り節及び直巿等は一或は六の數を以て標準とすべし

◎一年中の高低占、▲春、小往來にして片寄らず、▲夏、變動ありて後安、士用中は大に安し、▲秋、初め小高く中頃安くして後又高し、▲冬、高し子の月に大突飛直を出し歳內中の天井と爲る

◎此卦を占ひ得たる時、子亥申の日なれば高し、●丑未戌の日なれば大に安し、●寅卯酉の日なれば高し然れども大ならず、●辰

巳午の日なれば大概安き方なれども時に持合ふて動かざることあり

○初爻變、賣方力ありて少し上りては大に下る戻り賣の方針に利あり

○二爻變、持合相場にして動かず

○三爻變、少しく下りて後保合

○四爻變、少しく安き方

○五爻變、大に高し、新たに强力なる買手現はる

○上爻變、大に安し但し後小戻あり

䷊ 地天泰

此卦は大體大に安き相場を出すこと多く其仕成順當にして漸次に下るを以て其足取に随へば利あり、大抵此卦を占ひ得しときは一時の底直を出すまで下落すること多し

期米は産米豊潤にして安し

株其他の相場共國家平穩にして却て變動少く保合こと多し

◎此卦高低共に止り節及び直巾等は一或は六の數を以て標準とすべし

◎一年中の高低占、▲春、平穩にして動かず花見相場を實現す、▲夏、往來ありて安き傾向多し、土用中は更に安し、▲秋、一旦底直を出し其反動として次第に高し、▲冬、歳內中の高直を現はす

◎此卦を占ひ得たる時、●子亥申酉の日なれば大に高し申の日は殊に暴騰、●未戌丑の日なれば大に安し、●辰の日なれば少しく安し、●寅卯の日なれば持合にして動かず、●午の日なれば安く

して巳の日は却て安からず或は反對に高きことあり
○初爻變、初少高くして後安し
○二爻變、持合なれども强含みなり
○三爻變、初め保合ふて後大に安し
○四爻變、小安く保合動少し
○五爻變、大上進あり賣方の煎れ多く倍々飛躍するも後必ずゝ急落することあり
○上爻變、少し高くして後小戻あり結局持合

☰☷ 天地否

此卦は世上變異多く不時ス[入]て高直を出すこと多し、大體は高直を出すの卦なれば押目あるも下り相場と思ひ決して賣進むべからず、拾丁押せば三十丁或は五十丁上る狀態を呈す、絶對押目買の方針を取るべし

期米は暴騰すること多し、其他の相場皆高し

株は始め高く後下落することあり

◎此卦高低共に止り節及び直巾等は三或は八の數を標準とすべし
◎一年中の高低占、▲春、大に高し、▲夏、諸相場共に高し就中期米は天災の變異等にて突飛の高直を出すことあり、▲秋、高下激變甚しく後安し、▲冬、持合にして變動なし、少し高直に終る
◎此卦を占ひ得たる時、●寅卯の日なれば高し、●亥子の日なれば最も高し、●申酉の日なれば必ず安くして上なし、●丑辰未戌の日なれば往來あるも後安し、●巳の日なれば少し高し、午の日

なれば持合
○初爻變、持合にして小安し
○二爻變、持合にして下直なし或は小高きことあり
○三爻變、初め急上げありて後安し
○四爻變、小强くして持合
○五爻變、初め往來あり氣迷相場の觀を爲し後暴落して底知らずの相場を呈す
○上爻變、持合相場にして動かず少し安き方

䷌ 天火同人

此卦は世上不穏のこと多く、或は國際上の紛紜、或は不時の天災地異、殊に風水害等續出し恟々として人心安からざること多からん、故に期米其他の相場に取りても激變恒なく高下測り難し、然れども多くは高きを以て斷するを至當とす、株は却て安き不況を呈す

◎此卦高低共に止り節及び直巾等は四或は九の數を標準とすべし

◎一年中の高低占、▲春、期米其他の相場は持合にして株は安きこと多し、▲夏、天變地異續出し期米は激變多きも跡安、株式は暴落して局面一變す、▲秋、諸相場共に高きこと多し、▲冬、事變多く一般の人氣買氣勝ちて賣を懼るゝ傾向あるも共割に上らず下げも亦少く結局持合株は安し

◎此卦を占ひ得たる時、●申酉戌未の日なれば大に高し、●丑辰の日なれば持合、初め安ければ買建に利あり、●午の日なれば安し巳の日は却て高し、●寅卯の日なれば安し、●亥子の日なれば

高下往來あるも大なる傾きなし大抵は小高き方

○初爻變、小安き方

○二爻變、高き氣配或は材料ありて始少し上るも後安し

○三爻變、持合相場にして變動少し但し强含み

○四爻變、普通安き方、若し高直に持合の時此爻變を得れば是れより大に安し

○五爻變、少しも押目なくして大に上る

○上爻變、小高くして後持合

䷍ 火天大有

此卦は總じて高きを常とすれども其直頃の如何人氣の奈何により
て高下を異にすること多し、例へば高直續きて天井近き觀を爲す
ときに得れば必ず忽ち變ありて暴落し、又安直持合の時に得れば
是より大に上ると知るべし、期米は豐潤にして安き方後高し
株式は一般大に好調にして漸次大高進を現はす
◎此卦高低共に止り節及び直巾等は三或は八の數を以て標準とす

べし

◎一年中の高低占、▲春、諸相場共漸々高く天井直を現はす、▲夏、强弱共取組多く双方腰入强くして却て動多し、然れども賣建は危し、▲秋、大に安く賣崩の相場を演出す、▲冬、强氣大手の腰入强くして段々高し

◎此卦を占ひ得たる時、●寅卯の日なれば絶對に高し、●亥子の日なれば少し押あるも後高し、●申酉の日なれば必ず安し、●未戌の日なれば小安し、●辰丑の日なれば持合にして變動少し、●

午巳の日なれば初め安持合にして後少しく高し

○初爻變、初め小高くして後安し

○二爻變、大に上り天井知らずの高直を現はす

○三爻變、少し安直ありて持合

○四爻變、下落に次ぐに下落を以てし底無なし相場の狀を呈す

○五爻變、相場氣重く安き方

○上爻變、小高くして持合

䷎ 地山謙

此卦は高下共に極めて穩當なる相場を出すの時にして、往來何れも順調なり故に一方に固執せざれば賣買共に利を得易し、大體は大相場を出すの時にあらず直巾を大きく觀ざるを適當とす、終りは少し高き方

期米は初安くして後高し

株式は初めより漸次高からん

◎此卦高低共に止り節及び直巾等は三或は八の數を以て標準とすべし

◎一年中の高低占、▲春、高き方、卯の月最も高からん、▲夏、往來變化あり後少し高し、▲秋、初め高下持合ふて後大に安直を出す、▲冬、漸々に高し殊に株は大に好況を現はす

◎此卦を占ひ得たる時、●亥子の日なれば必ず高し、●寅卯の日亦高し、●丑辰未戌の日なれば何れも安き方併し小相場なり其中にて未の日最も安し、●申酉の日なれば大に安直を出す、●午の

日なれば初め小高くして後持合動かず、巳の日或は大に崩落することあり

○初爻變、初安くして後高し

○二爻變、持合相場にして動かず

○三爻變、安し例へ高きことあるも必ず賣建方針を忘るべからず

○四爻變、弱氣大手筋聯合して賣叩き一時下るも後保合

○五爻變、初め高くして後安し

○上爻變、一旦下りて後持合

☳☷ 雷地豫

此卦は一步一步高進するの象あれども急に上ることなく譬へば十丁押しては二十丁上り、十五丁押しては三四十丁上ると云ふ高下振なれば、買方針にして氣迷せざれば、百丁上る相場の直巾を、百五十丁も利を得らるゝことあり、賣方針は絶對の禁物なり米、株、其他諸相場共に同致にして高き方

◎此卦高低共に止り節及び直巾等は五或は十の數を以て標準とすべし

◎一年中の高低占、▲春、順次に安き方、▲夏、往來激しくして後高し、土用中は殊に突進す、▲秋、高下あれども大巾の持合なり、▲冬、居据り相場にして動くことなし

◎此卦を占ひ得たる時、●午未戌の日なれば大に高し、●辰の日なれば却て安し、●寅卯の日なれば大に安き方、●丑巳の日なればば高き方なれども時により安きこともあり、●子の日なればば小安

く亥の日は持合、●申酉の日なれば高し
○初爻變、高き方
○二爻變、高けれども相場大ならず
○三爻變、初め安くして後持合
○四爻變、普通高し若し下直に持合ふとき此爻變すれば是れより大に高直あると知るべし
○五爻變、伸力强からざるも賣方力なく小高き方
○上爻變、煽ちて高し

☱☳

澤雷隨

此卦は初め保合にして動かず、中程に至り少しく下げあり、又保合こと久しく、人の倦み疲るゝ比に至りて、漸々上昇するの相場にして、餘程氣根强からざれば、買方針の人と雖遂には氣變りすること多ければ、其心得を以て何所までも買方針を忘るべからず

◎此卦高低共に止り節及び直巾等は五或は十の數を以て標準とす

べし

◎一年中の高低占、▲春、少し安くして久しく保合動かず眞に花見相場を出すこと多し、▲夏、漸次に高し、殊に土用中は諸相場共高し、▲秋、諸相場共小往來なれども期米は風又は蟲害等にて一時變動多し、▲冬、小往來にして大なる傾きなく甚だ不況の市場となる

◎此卦を占ひ得たる時、●午申の日なれば大に高し、●丑未の日なれば小高し、辰の日は保合、●巳戌の日なれば高し、●寅卯の

日なれば大に安し、●亥子の日なれば少しく安し、●酉の日なれば多くは保合なれども時に高きことあり

○初爻變、平穩の相場にして動少し

○二爻變、大に下る

○三爻變、初め急上げありて從保合

○四爻變、往來あれども大體伸力鈍き相場にして多少安き方

○五爻變、高下保合

○上爻變、漸々に高き方

䷑ 山風蠱

此卦は不時入て天災地異續出すること多く、一般人氣恟々たること多し、殊に期米に於ては夏秋は風水害或は蟲害等ありて激變常なく不時に暴騰する機あり、然れば是に伴ふて俄に崩落することも亦忘るべからず、株は國際上の關係に紛糾の事多く或は國交の破裂せんとする場合に至る例少なからず

◎此卦高低共に止り節及び直巾等は五或は十の數を以て標準とす

べし

◎一年中の高低占、▲春、不時を唱ふることあり却て安し、▲夏、始めは持合にして後大に高し、▲秋、變異多く一上一下亂調にして結局始終大差なし、▲冬、少しく安し

◎此卦を占ひ得たる時、●丑未戌の日なれば高し、●巳午申の日なれば高し、●寅卯の日なれば安し、●亥子及び辰の日なれば少しく安し、●酉の日なれば多くは持合にして後少し下る

○初爻變、相場順次に高し

○二爻變、高下往來ありて後少しく安し

○三爻變、相場不時入て高く久しからずして急落あり結果大なる傾きなし

○四爻變、始めは下り後には上る、又保合ふことあり

○五爻變、往來あり後少し安き方

○上爻變、高下激しく後大に安し

䷒ 地澤臨

此卦は强弱共に、大手筋の腰入强くして、高下變化多き卦なり、然れども大體は一方に偏せず、百丁上れば又百丁下ると云ふ大巾の持合往來にして、賣買共に其意を了して掛引せば兩方共に利を得ること容易なり、始終沸騰せんとするときに賣向ひ、崩潰せんとする觀を爲すときに、怖れず買向へば必ず勝利多し

◎此卦高低共に止り節及び直巾等は一或は六の數を以て標準とすべし

◎一年中の高低占、▲春、高下往來あり然れども一方に偏せず、

▲夏、始め上り後大に下る土用中は殊に安き方、▲秋、漸次に高し、▲冬始め少しく押目あるも必ず追賣する勿れ後大に高し
◎此卦を占ひ得たる時、●亥子申酉の日なれば押目なくして次第々々に上る、●丑未戌の日なれば必ず安し、●巳午の日なれば少しく安し、●寅卯辰の日なれば持合若し動くことあるも傾かず
○初爻變、漸次安き方
○二爻變、高下定まらず多く人氣と反對の傾向を來すことあり然れども終には持合

○三爻變、市況不振にして安保合

○四爻變、大暴落ありて相場の象ち一變す

○五爻變、相場初め少しく上りて高直に保合行艱みて後には少安きに止まる

○上爻變、初めは高く後持合

䷓ 風地觀

此卦は大體持合にして變化少きが常態なるも、屢々經驗に徵すれ

ば採算上必然上るべき相場、或は米相場に於ては凶作を唱へて高かるべき相場も、大手筋買方に腰入强く、且つ東西相呼應して賣り叩くが故に、却て下降の力大なる傾向を來すこと多し、然れども久しく續かずして又反動の高の象を呈すべし

◎此卦高低共に止り節及び直巾等は三或は八の數を以て標準とすべし

◎一年中の高低占、▲春、一段々々と高し、▲夏、時變多く往來激變ありて高きこと多し、▲秋、大に安し、十日に上りたる相場

を一日にて崩潰することあり、▲冬、少しく高くして後持合

◎此卦を占ひ得たる時、●寅卯子亥の日なれば高し、殊に亥の日は大に高し、●申酉の日なれば多く安し、●辰戌の日なれば安し

未の日は最も弱し、●巳午丑の日なれば高下片寄らず

○初爻變、一時大に變動する形勢ありて忽ち持合となり後少しく安し

○二爻變、持合相場にして變動少し

○三爻變、初め煽ちて大に高きも後下る

○四爻變、賣方强力にして相場漸次下押しの象を呈す然れども後又戻しあり

○五爻變、高下あるも結局持合

○上爻變、大上進疑ひなし

䷔ 火雷噬嗑

此卦は始終一般の人氣と、時の相場の仕成と相齟齬すること多く、必然上るべく又上る足取のとき、俄然として安く、下り足に

も又其れと同一の傾向を來すこと多し、故に大象は持合にして、假令高下大きくとも傾かず、大巾の往來と知るべし、一體一種の相場癖ありて捉へ難きことを記憶すべし

◎此卦高低共に止り節及び直巾等は五或は十の數を以て標準とすべし

◎一年中の高低占、▲春、一旦上りて後大に安し、▲夏、往來變化多く少しく高し、土用中大高直あり、▲秋、變化定まらず往來あるも結局持合、▲冬、持合相場にして少し安きに終る

◎此卦を占ひ得たる時、●丑未戌の日なれば大に高し、●午の日も亦昻進す、●辰巳の日なれば人氣强くして却て安き方、●寅卯の日なれば必ず安し、●亥子の日も亦弱し、●申酉の日なれば持合後上る

○初爻變、相場下らんとして下らず後却て小高し

○二爻變、相場下直にあるときと雖更に又一旦の安直出づることあり

○三爻變、一旦高くして後持合動かず

○四爻變、高下往來激しくして後高きに止まる
○五爻變、押しては上り次第に高直を出す
○上爻變、往來少く平靜の相場なり

䷕

山火賁

此卦は相場變動常なく而も不時を唱へて却て安く、平靜の時何等の材料なくしてヂリ々々高き傾向を來すべし、若し遠き占ひに此卦を得ば、必ず持久策を講じ急進を愼むべし、故に一旦方針を定

め建玉せば、一時の波動に怖れず、之を維持し節を變せざれば、必然利を得らるべし

◎此卦高低共に止り節及び直巾等は一或は六の數を以て標準とすべし

◎一年中の高低占、▲春、往來あるも片寄らず、▲夏、高下共に一時片寄り大相場の如く見ゆるも又反動ありて結局傾かず、土用に入りて安直を現はす、▲秋、相場の歩調穩當にして何れにても其足に付くべし、多くは上る方、▲冬、始め下押あり後大に高し

◎此卦を占ひ得たる時、●亥子の日及び酉の日なれば高く申の日なれば大に高し、●丑辰未戌の日なれば持合なれども時に安きことあり、●己午の日なれば多くは安し、●寅卯の日なれば高しと思へば安く安しと思へば高く定め難き相場を出す

○初爻變、上下往來ありて少し高き方

○二爻變、一旦上り更に下らんとするとき俄に强材料生じ大に高し

○三爻變、少し上りて後行艱みて動かざる相場なり

○四爻變、高き方

○五爻變、一旦上りて後持合

○上爻變、持合にして動かず

䷖ 山地剝

此卦は期米其他の相場は、品不拂の爲め大に上り、時價と不權衡の大高直を出すことあれども、世人の其掛引を爲さんとする時、既に遲し又大暴落する事あり、諸株も亦同様の傾向を來すべし、

何れも其相場癖高低共急激にして遂ひ難く賣買共に最も機敏に且つ大膽に追撃するに利あり

◎此卦高低共に止り節及び直巾等は三或は八の數を以て標準とすべし

◎一年中の高低占、▲春、高き上に更に又高直を出し天井知らずの大相場を出す、▲夏、急上急下捉へ難く氣迷ひ多き相場を出し後安き方多し、▲秋、始め持合相場の如く見へて後次第に下る、▲冬、直の如何を問はず買方に利あり歩調順に進みて高し

◎此卦を占ひ得し時、●亥子の日なれば大に高し、就中亥の日甚し、●寅卯の日も亦大に强し、●申酉の日なれば安し、●未戌の日なれば少しく安し、●辰丑の日なれば持合、●巳午の日なれば高下一定し難し他の關係を見て其方針を定むべし

○初爻變、少し下りて後持合大體小相場なり

○二爻變、小相場にして動かず

○三爻變、一旦急上げあるも後變ありて安し、但し上ること大なれば下げも亦大なり

○四爻變、小安く持合
○五爻變、上らんとして押し下放れんとして戻り結局持合
○上爻變、一旦急進ありて後崩潰することあり

䷗ 地雷復

此卦は總體高下共に相場足緩々として急ならず、人の倦み疲れて將に氣變せんとするの時、始めて漸々大相場を出現するの卦なればゞ、賣買共に必ず利を急ぐべからず、普通は買方に利ある卦なれ

ども、其時の場合により又大下直なしと限るべからず、故に上下共に其足取りに從ひて相場に附きて賣買すべし斷じて反對に向ふべからず

◎此卦高低共に止り節及び直巾等は一或は六の數を以て標準とすべし

◎一年中の高低占、▲春、一歩は一歩より進みて高し、▲夏、往來ありて少しく安し、土用は最も安直あり、▲秋、大に高直を出すことあり、▲冬、少しく下押ありて後歳內中の天井直を現はす、

◎此卦を占ひ得たる時、●子亥の日なれば強し、●申酉の日なれば高し申の日殊に強し、●丑未戌の日なれば安し、●辰巳の日なれば持合、●午の日なれば小安し、●寅卯の日なれば往來あるも片寄らず

○初爻變、一時大に高直を出す然れども變あり油斷すべからず、

○二爻變、高下往來あり高き方

○三爻變、少しく安し

○四爻變、大に安し場況一變す

○五爻變、始め小高くして後安し

○上爻變、高下往來ありて定まらず時に人爲的の相場を出すことあり油斷すべからず

䷘ 天雷无妄

此卦は大體高き意あれども、相場の仕成順當ならず、始めは十丁上りては二十丁下る如き相場癖ありて、黑人筋は一般に賣向ひ、客筋は多く買慕ふ傾向あるも、而も大勢に敵すること能はず、後

には大暴騰を演ずる象あり、故に何所迄も氣迷することなく買方針を貫くに利あり

◎此卦高低共に止り節及び直巾等は五或は十の數を以て標準とすべし

◎一年中の高低占、▲春、段々と安く將に崩潰せんとする觀を爲すも潰るゝ相場にあらず、▲夏、順次に高し、土用中大高直を出す、▲秋、往來變化あり强氣七分の勝目あり、▲冬、大抵持合なれども時に安きことなきにあらず

◎此卦を占ひ得たる時、●丑未戌の日及び午の日なれば强し、●申の日は大に高し、●辰巳の日なれば上る樣を見せて却て安し、●寅卯の日なれば大に安し、●子亥の日なれば少しく安し、●酉の日なれば持合

○初爻變、持合相場にして動からず

○二爻變、大に下る

○三爻變、高下保合動き少し

○四爻變、想はざる强材料生じて高し

○五爻變、始めは持合にして人の懶氣の生ずる時持合放れ高し
○上爻變、一旦高けれども後押目あり

䷙

山天大畜

此卦は賣方買方共に、大手筋の激烈なる大戰闘を演出するの象にして、其取組高の多きこと稀に見る所、大體は强き意あれども、時に何等の好材料なくして、單《たゞ》人力の爭ひなるが故に、一般の期待する所、都て齟齬し、却て大なる高下なく、久しく持合に過ぎ

ざる傾向を來すこと多し

◎此卦高低共に止り節及び直巾等は一或は六の數を以て標準とすべし

◎一年中の高低占、▲春、往來あるも片寄らず結局持合、▲夏、始め高くして後安し、土用中は弱氣勝ちの象、▲秋、少しく高し、▲冬、高し然れども非常なる上直はなし、要するに此年は餘り大相場はなきも冬期に藏內の上直を出すと知るべし

◎此卦を占ひ得たる時、●子亥の日なれば高し、●申酉の日なれ

ば殊に強し、●丑辰未戌の日なれば安き方、●己午日なれば少しく安し、●寅卯の日なれば持合相場にして後少しく高し
○初爻變、始め大に强き相場の如くなれども後却て安し
○二爻變、持合相場なれども地場買方に廻るが故に稍もすれば上向せんとするの場況を呈す
○三爻變、始め安く後少しく高し
○四爻變、高下往來激しくして後安し
○五爻變、高下往來ありて一旦上進するも捉へ難き相場なり然れ

ども後賣方の勝利に歸せん

○上爻變、持合相場にして變動少し

䷚ 山雷頤

此卦は强弱共に氣乘薄き商況にして、互に力入らず、隨て取組高も少く、高下も浮足にして著しく片寄らず、然れども一般に小相場として見限る時に漸く高直を現すの意あり

期米は往來しつゝ上ること多し、株は緩みなくして次第に上る、

◎此卦高低共に止り節及び直巾等は五或は十の數を以て標準とすべし

◎一年中の高低占、▲春、次第々々に安し、▲夏、煽ちて安し、土用入りて歳内中最高直を出す、▲秋、往來あるも片寄らず持合▲冬、小相場にして子の月少し安直を出す

◎此卦を占ひ得たる時、●丑未戌の日なれば高し、●申の日大に強く午の日も亦高し、●辰巳の日なれば少し安し、●寅卯の日なれば安し、●亥子の日なれば往來あるも安き方、●酉の日なれば

持合

○初爻變、往來あるも傾かず

○二爻變、往來あり後大に安し

○三爻變、初め小高くして後持合

○四爻變、大に高し

○五爻變、人氣と相場と反對の傾向を來すこと多く上げ下げとも捉へ難き相場なり結局は大巾の持合

○上爻變、始安く後高し

澤風大過

此卦は年月を經て上げ詰めたる相場を、一朝にして崩潰すること多き卦にして、日常買方に勝利多き意なれども、前記の如く百日にして得たる利得を一日にして失ふと云ふ不時の變あるを忘るべからず

期米は豐潤にして一旦却て高きも後暴落あり

株式は景氣好調なる時夢を破るの變事あり大暴落あり

◎此卦高低共に止り節及び直巾等は五或は十の數を以て標準とすべし

◎一年中の高低占、▲春、人氣疲れて相場引立たずヂリヂリ安、▲夏、漸々高し、土用中大上直を現はす、▲秋、變事多く往來激變極なく結果安きに止まる、▲冬、持合にして動かず

◎此卦を占ひ得たる時、●丑未戌の日なれば高し、●午の日なればに大に高く申の日も亦强し、●辰巳の日なれば安し、●寅卯の日及び亥子の日なれば安し、●酉の日なれば持合

○初爻變、始め高く後平穩にして動かず

○二爻變、高下往來あるも片寄らず

○三爻變、平穩の相場にして動かず

○四爻變、賣方東西相呼應して賣叩くの象を呈し一時大に安直を現はすも後持合

○五爻變、持合變動少し

○上爻變、大に高く場況一變す

䷜

坎爲水

此卦は大象は下降する卦なれども、相場の直頃により大に差異あり、若し相場上り詰めたるときに此卦を得れば、必然大暴落一瀉千里の様を呈せんも、若下落續きの下直にあるときは、必ず此時を以て底直と爲し、是より大に上升すと判斷せざるべからず、相場巾直にあるときは日辰變爻等の關係を見て、高低の判定を下すべきなり

◎此卦高低共に止り節及び直巾等は二或は七の數を以て標準とすべし

◎一年中の高低占、▲春、緩々として上向す、▲夏、往來あり結局高し、土用不順多く高し、▲秋、始めは上下變化あるも後には持合て動かず、▲冬、始め小往來少しく上りて後大に安く歳內の安底となる

◎此卦を占ひ得たる時、●巳午の日或は寅卯の日なれば大に高し殊に寅の日大急進あり、●子亥の日なれば大に安し、●申酉の日

なれば小安し、●丑辰未戌の日なれば高下定まらす或は一時の天井底を出すことあり或は底直となることあり相場の情勢と他の關係を見て判すべし

○初爻變、少し高き方

○二爻變、往來あり一定し難き相場なり

○三爻變、上進の兆

○四爻變、往來あり後小安し

○五爻變、始終持合にして至つて小相場

○上爻變、一般上升を期待するも相場は却て動かず後なり安き方

離爲火

此卦も亦坎爲水の卦と同じく、大體は急上ある卦なれども、相場の直頃に由りて、大に判斷を違へざるべからず、故に若し相場天井近きとき此卦を得れば、必然大下落あると心得べし、若し下直にあるときなれば、又必ず大急上あると知るべし、大體は坎爲水と其性質反對なれども其判斷の心得方は同一なりと心得べし

◎此卦高低共に其止り節及び直市等は四或は九の數を以て標準とすべし

◎一年中の高低占、▲春、小往來にして少し安き方、▲夏、急下降あり、土用中は殊に激變多し、▲秋、高くして場面一變す、▲冬、疲れたる相場の觀を爲し又一般賣買に氣乘せず平靜持合ならん

◎此卦を占ひ得たる時、●申酉の日なれば必ず高し、●丑辰未戌の日なれば底固く弱き相場なり、●巳午の日なれば普通は安き方

なるも已の日は時により大に高きことあり、●寅卯の日なれば往來ありて後安き方、●子亥の日なれば持合

○初爻變、往來ありて小安し

○二爻變、始め高くして後安し

○三爻變、持合平穩の相場

○四爻變、漸々に上り止まる所を知らざる相場を出す但し急上げはなし

○五爻變、小高く持合

〇上爻變、始大に安く後引反すことあり

䷞ 澤山咸

此卦は平常安くして相場引立難きこと多し、然れども時に不時入て俄に飛躍升騰することあり、大體より言へば高下共相場の根柢固からず、浮足にして變化する故に、必ず長遂することを愼むべし、賣買共に一旦利のある方を收むるを萬全の策と爲すべし
◎此卦高低共に上り節及び直巾等は三或は八の數を以て標準とす

べし

◎一年中の高低占、▲春、往來浮足にして後少しく高き方、▲夏、高下變化甚しきも大なる傾きなし、▲秋、一時入時を唱へて急進あるも間もなく平靜に歸し後却て安き傾向を來さん、▲冬、相場何等の材料なくしてヂリ々々高し

◎此卦を占ひ得たる時、●寅卯の日なれば高し、●子亥の日なればば又高く亥の日は殊に強し、●未の日なれば安く申の日最も安し、●辰戌の日なれば少しく安し、●巳午の日及び丑の日なれば

相場持合なれども强きこと多からん

○初爻變、持合相場にして變動少し

○二爻變、大體は持合なれども下げ難き相場合なり

○三爻變、初安くして後持合

○四爻變、買方勢力强くして高し

○五爻變、初小安く後平穩

○上爻變・平穩の相場なれども賣方勢力强き爲め一時下押へらることあり

雷風恒

此卦は相場不穩にして久しく持合後上るを常とす、然れども相場下直にありて久しく持合ふ時に、此卦を占得せば、是より必ず上ると知るべし、又上直にあるときは持合ふて動くことなし、要するに一般倦み疲るゝときに高直を出すこと多し、期米は多く持合にして、株は變化多し

◎此卦高低共に止り節及び直巾等は五或は十の數を以て標準とす

べし

◎一年中の高低占、▲春、安くして相場活氣乏し、▲夏、往來あるも順當にして後少し高し、土用中新高直を出すことあり、▲秋、小往來にして商ひも又薄く持合なり、▲冬、少しく安き方

◎此卦を占ひ得たる時、●丑未戌の日なれば高し、●辰の日なればば却て安し、●午の日なれば高く、巳の日は强からず却て下ることあり、●寅卯の日なれば安し、●亥子の日なれば持合か或は小安し、●申の日なれば高く、酉の日は多く持合

○初爻變、上升
○二爻變、强弱双方共力匹敵するが故に取組多しと雖も、却て片寄らず往來伯仲す
○三爻變、平穩にして動かず
○四爻變、少しく高し
○五爻變、相場不時入りて高きも後又安し
○上爻變、大上升ありて場況一變す

☶☰ 天山遯

此卦は初め大に上升せんとするの形勢を示し、暫く往來持合つゝありて、人の漸く小相場に馴れて忘んとするとき、急に大下降の相場を出すこと多し、全體相場高低占に此卦を得しときは、假令一時上ることあるも、上げ相場の中に已に大下げの兆を示しつゝあることを記憶せざるべからず、畢竟下げ足大にして上げ足小なればなり

◎此卦高低共に止り節及び直巾等は三或は八の數を以て標準とすべし

◎一年中の高低占、▲春、漸次に高し、▲夏、往來激變あるも結局大なる傾きなし、▲秋、不時に大崩潰の相場を出すことあり、▲冬、始め持合にして動かず後少し高直あり

◎此卦を占ひ得たる時、●寅卯の日及び亥子の日なれば大に高く亥の日は殊更に强し、●申酉の日なれば次第に下降す、●辰未戌の日なれば小安し、●巳午の日及び丑の日なれば多くは持合へし

或は已の日大下げあることあり
○初爻變、持合相場にして强弱共氣乘せず市況閑漫なること多し
○二爻變、多少往來あるも大體は持合相場なり
○三爻變、大に安し
○四爻變、始小安く後不時入て高し
○五爻變、大に安く買方投げ多き爲自ら相場を潰すに至る戻りあらば賣方針に利あり

○上爻變、持合にして動かず

䷡ 雷天大壯

此卦は一般の人氣大に買流行るも、相場は却て沈静にして行き類みて進まず、結局小往來のこと多し、然れども卦意は強き象なれば賣方油斷なり難し、若し一般に下向を期待して賣込むとき、其反動として驚くべき高直を現はすことなしとせず、株は多く高くして期米は正米豐潤にして却て下らず持合のこと多し

◎此卦高低共に止り節及び直巾は一或は六の數を以て標準とすべし

◎一年中の高低占、▲春、大に高し然れども後下押あり、▲夏、高下往來あるも大に片寄ることなし、土用に入りて激落することあり、▲秋、チリ〻〻高きに向ふ、▲冬、大に高直を出す、然れども一時に急上あるときは必ず變あり

◎此卦を占ひ得たる時、●子亥の日なれば必ず高し、●申酉の日も亦大に高く申の日殊に强し、●丑辰の日なれば安く未戌の日も

亦安し、●寅卯の日なれば夏秋は不時を唱へて急上げある後又下る平時は持合、●巳午の日なれば安し
○初爻變、初め高くして後小安し
○二爻變、高下往來あるも大なる傾きなし
○三爻變、初安く後高し
○四爻變、往來あり安き方
○五爻變、高直に高直を加へ賣方大敗の相場を出すこと多し
○上爻變、大下落

䷢ 火地晋

此卦は相場必然安かるべき様を呈するとき上り、又上る形勢を示しては却て下向することあれども、結局は安きに止ること多し、然れども大體相場の仕成下降するは緩にして永く續き、上足しは急激にして短きことを忘るべからず、但し相場天井直近き觀を爲すときに、此卦を得れば必ず急下げあるべし

◎此卦高低共に止り節及び直巾等は三或は八の數を以て標準とす

べし

◎一年中の高低占、▲春、大に高くして賣方全敗を來すことあり

▲夏、始めは平穩の相場にして後大亂調の高下あり結果は小し安きに止まる、▲秋、大に安直を出す、▲冬、緩る〻〻高し

◎此卦を占ひ得たる時、●寅卯の日なれば必ず高し、子亥の日も亦高く亥の日殊に强し、●申酉の日なれば安し、●巳の日大に安く未辰戌の日は小安し、●午の日なれば少し高く丑の日は持合

○初爻變、少しく安し

○二爻變、往來あるも片寄らず結局大巾の持合相場と心得べし

○三爻變、始め急進あるも後少しく安し

○四爻變、相場下向に下向を續け底直知らずの観を爲すことあり

○五爻變、高下平穩にして動少し

○上爻變、持合相場にして强き方

䷣ 地火明夷

此卦は大體は弱くして場況沈靜のこと多き意あれども、若し安直

續きのとき、又は久しく下直にて持合ときに此卦を得る如きことあらば、是れより漸次に上ること多し、然れども日常安き方多き卦なれば、始めより買建に利あらず、目先の占ひ等にありては殊に然り

◎此卦高低共に止り節及び直巾等は二或は七の數を以て標準とすべし

◎一年中の高低占、▲春、持合後少し高き方、▲夏、始め少しく下押あり後亂調の高下あり結局は大に高し、▲秋、持合こと多く

時に少しく安きことあり、▲冬、大に下り更に又大安直を出すべし此際は必ず戻り賣の方針を以て商ふに利あり

◎此卦を占ひ得たる時、●巳午の日なれば必ず高し、●寅卯の日も亦高し、●亥の日なれば安く子の日は最も弱し、●申酉の日なれば少しく安き方、●丑未の日は持合こと多く、辰の日は小高く戌の日は小安し

○初爻變、持合相場にして後小高し

○二爻變、持合にして動かず

○三爻變、始め急下げありて後は高きに終る
○四爻變、相場激變常なく高下定め難し、然れども後多くは高きに終る
○五爻變、始安く後高し
○上爻變、安持合にして變動少し

☴☲ 風火家人

此卦は初めヂリ々々下押あり後大に昇騰するの卦にして、其上げ

足の熾なるは、平生强氣執心の人にても、危惧して買進み難く、躊躇する中に大相場を出すこと多し、故に下押に怖れず絶對に買方針を取るに利あり
期米は不時變事起りて上升の因となることあり
株は亂調激動ありて後大に高し
◎此卦高低共に止り節及び直巾等は五或は十の數を以て標準とすべし
◎一年中の高低占、▲春相場徐々に下る、▲夏、煽ちありて高し、

土用大高騰あるべし、▲秋、往來あり後少しく高き方、▲冬、平穩にして居据り相場

四季共に土用中は相場强しと知るべし

◎此卦を占ひ得たる時、●未の日及び申の日なれば大に高し、●丑戌の日なれば高く午の日も亦强し、●辰巳の日なれば平靜にして動かず、●寅卯の日なれば大下げあり、●亥子の日なれば少しく安し、●酉の日なれば持合と雖も底强くして下直なし

〇初爻變、始め急落ありて後持合

○二爻變、一旦上りて後安し
○三爻變、持合相場にして動少し
○四爻變、飛躍に飛躍を重ね天井知らずの大上升を來すことあり
○五爻變、初高く後安し
○上爻變、大下落

䷥ 火澤睽

此卦は何種の取引相場に拘はらず、現價と相場の權衡不釣合の成

行を出すこと多く、且つ相場に一種の癖ありて上下共に往來順ならず、甚だ捕捉し難き相場なり、大體は堅き相場なれども不時を唱へて却て安きことあり、天候等に關係する相場にありては天候惡しくして却て安く好順にして高き等のことあるは大に注意すべきなり

◎此卦高低共に止り節及び直巾等は一或は六の数を以て標準とすべし

◎**一年中の高低占**、▲春、小往來にして持合こと多し、▲夏、高

下往來あるも安き方多し、▲秋、漸次に小高し買方に利あり、▲冬始め小押目あり後大に高直を現はす

◎此卦を占ひ得たる時、●子亥の日なれば必ず高し、●申酉の日も亦大に強し、●丑未戌の日なれば安き方、辰の日は持合にして動かず、●巳午の日なれば變動往來あるも後安し、●寅卯の日は高持合

○初爻變、安し賣方偉大なる力あり

○二爻變、小往來にして傾かず

○三爻變、高しと思へば安く、安かるべき相場が却て高く始終人氣と逆直を出し結局は安きに終る

○四爻變、買方協同聯合して買締むる形勢あるの時自然の趨向に合し意外の高直を出すことあり

○五爻變、始下りて後持合

○上爻變、小安し

䷦

水山蹇

此卦は大體安き卦なれども、其下げ方普通の下り相場の例ならず、譬へば十丁下りては持合、二十丁下げては又持合甚だ下げ澁りつゝ後には大に安直を出すの卦にして、決して急落あることなし、故に賣方に廻りても、久しきに耐へ、而る後利を收むることを覺悟せざるべからず、但し買建は此際の禁物たるを記憶すべきなり

◎此卦高低共に止り節及び直巾等は三或は八の數を以て標準とすべし

◎一年中の高低占、▲春、持合こと久しく後少し高し、▲夏、煽ちあり後高し、▲秋、相場漸次に安く最後に大安直を出すべし、▲冬、始め持合少し高くして後又安直を現はす

◎此卦を占ひ得たる時、●寅卯の日なれば必ず高し、●亥子の日も亦高し亥の日殊に大上進あり、●申酉の日なれば大に安直あり、●辰未戌の日なれば少しく安し、●巳の日なれば持合にして少しく安し、●午丑の日は持合にして後小高し

○初爻變、持合にして變動少し

○二爻變、高下往來あるも大なる傾きなし
○三爻變、一旦下落あり後持合
○四爻變、往來あり安き方
○五爻變、持合にして動かず
○上爻變、漸々高く後高直持合

䷧ 雷火解

此卦は高直もあり又安直もあり、可也大なる相場を出すも、其進退時の直頃によりて判すべし、例之は相場上直に在る時の如き或は高直にて持合ふときの如きは必ず是より下放れ大相場を出すの兆にして、若し反對に底直近き槪あるときの如きは、是より必ず次第に上進して大高直を出すものと心得べし

◎此卦高低共に止り節及び直巾等は五或は十の數を以て標準とすべし

◎一年中の高低占、▲春、次第に安し、▲夏、往來變化激しく後必ず高し、▲秋、居据り相場にして動かず、▲冬、始め一般の人

氣買に向ふもの多く一時小高きも後强力なる賣人現はれ一時に潰るゝことあり

◎此卦を占ひ得たる時、●丑未戌の日なれば高し、●巳午の日なれば大に高直を現はす、●寅卯の日なれば安き方、●子亥の日及び辰の日なれば少しく安し、●申の日なれば高きこと多く酉の日は持合

○初爻變、大に安し

○二爻變、大上進

○三爻變、小高く持合ひて動少し

○四爻變、相場始め少しく高く中程に押目ありて後又高きこと多し

○五爻變、相場不時入て高下往來激しく後少しく高きに終る

○上爻變、一旦急落ありて後持合

䷨ 山澤損

此卦は大體は持合こと多く、強弱共大手筋は相場を見送り、時機

の至るを待ちて活動せんとするの時にして、近き時日の占ひには目先次第に下向するの卦なるも、是れ下げ相場にあらずして、市況沈静にして上げ材料なきが爲めなれば、日を經て後は必ず大に升騰する機會に遭遇せん、故に賣方は長逐ひするに利あらず、

◎此卦高低共に止り節及び直巾等は一或は六の數を以て標準とすべし

◎一年中の高低占、▲春、平穩の相場にして動くことなし、▲夏、少しく安し、土用に入りてより激變あり後大に下る、▲秋、小高

し、▲冬、初め持合ふて一般に倦める時大に高直を現はす

◎此卦を占ひ得たる時、●亥子の日なれば必ず高し、●申酉の日なれば大に高し殊に申の日は最も强し、●丑未戌の日は大小共安く辰の月は定まらず大抵持合ふこと多し、●巳午の日は必ず安し、●寅卯の日なれば多くは持合なり

○初爻變、賣方聯合して相場を賣潰すことあり畢竟安き方

○二爻變、持合動少し

○三爻變、一旦急下げあるも後持合

○四爻變、安き方なれども不時入て變あることあり

○五爻變、初高く後安し

○上爻變、平穩の相場にして動少し

䷩

風雷益

此卦は大に上らんとするの形勢を有すれども、弱氣大手筋の腰入賣押へ强き爲め、兎角上升し難く、暫く行難み却て下降の樣を呈することあるも、大勢の歸向する所、如何ともし難く日を經て

後、大に飛騰することあるべし、故に一時の頭重きを見て賣建せば意外の敗亡を招くべし、要は何所までも買方針を貫くに利あり

◎此卦高低共に止り節及び直巾等は五或は十の數を以て標準とすべし

◎一年中の高低占、▲春、高下あり後安し、▲夏、往來激變甚しく後大に高し、▲秋、初め多少高下あるも中頃持合ひて動かず後少しく高し、▲冬、始終小相場安勝ちにして終る

◎此卦を占ひ得たる時、●丑未戌の日なれば高し、●巳午の日な

れば大に高し、●申の日も亦大に強き相場を出し酉の日は高下一定せず多くは持合なり、●寅卯の日なれば必ず安し、●亥子の日なれば大概安き方、●辰の日なれば持合ひて動くことなし

○初爻變、多少高下あるも片寄らざるべし

○二爻變、大に安く場況一變す

○三爻變、小高くして後持合

○四爻變、大に上進す

○五爻變、高下激しく變化恒なく捉へ難き相場を出す賣買共早く

利を收め危き所に向ふに利あり

○上爻變、大下落

䷪ 澤天夬

此卦大體より云へば、下直大にして上直小なる卦なれども、相場の直頃によりて、高下天壌の差を來すことあり、若し高直續きて天井直の觀を爲すときに此卦を得れば、必然是れ大暴落の兆にして、此機を逸せず賣建に利あり、若し又相場下直にありて底直の

觀を爲すとき此卦を得れば、絶對上進の象と斷すべし

◎此卦高低共に止り節及び直巾等は一或は六の數を以て標準とすべし

◎一年中の高低占、▲春、往來ありて少し高き方、▲夏、天候共他の不時を言ひ大に煽ちあり後安し、▲秋、高直持合、▲冬、大に上る

四季共土用中は直場弱き方勝ちなり

◎此卦を占ひ得たる時、●子亥の日なれば必ず高し、●申酉の日

も亦大に高し殊に申の日は甚し、●未戌丑の日なれば大に安し辰の日は高下定まらず大抵持合、●巳午の日は概して安し、●寅卯の日なれば高下往來あり大巾の持合多し
○初爻變、初より漸次に高直を出して一時に崩るゝることあり
○二爻變、高下往來ありて後少しく安し
○三爻變、急落あり然れども又戻りあり
○四爻變、天井知らずの大暴騰を演ず
○五爻變、緩々高し

○上爻變、次第に安し

䷫ 天風姤

此卦は賣買共に不穩の含みありて、强弱の大手筋互に陰險の掛引を弄するが故に、高きも當てにならず、安きも亦下げ相場と見るべからず、一般大に氣迷多き相場を出すの卦なり、斯るときは賣買を休止し、大勢の歸向する所に從ふを可とす、期米は多くは安き方にして、株は概して始め上り後安の傾向多し

◎此卦高低共に止り節及び直巾等は三或は八の數を以て標準とすべし

◎一年中の高低占、▲春、弱き相場の如く見へて後大に上る、▲夏、不時を唱へて往來激しきも結局大なる片寄なし、▲秋、大に安し、▲冬、持合にして少しく高きに終る

◎此卦を占ひ得たる時、●寅卯の日なれば必ず高し、●亥子の日も亦高し、●申酉の日なれば必ず安し、●辰戌の日なれば少しく安く未の日は大に安し、●丑及び巳午の日なれば概して持合にし

て動少し

○初爻變、人氣弱くして相場引立ざるも大なる上も亦なし

○二爻變、高下往來激しきも一方に片寄らず結局持合相場なり

○三爻變、始安く後高く概して大巾の持合

○四爻變、變事を唱へて一時人氣沸騰し相場も多少之に伴ふも後沈靜に歸し持合

○五爻變、大下落

○上爻變、持合ひて變動少し

☷☱

澤地萃

此卦は大體高き意あれども、其上るや天變地異等不時のことと生じて、損害を被ること多し、諸種の相場共に激變多けれども、其種類により高下の別あり

期米及各種の定期相場は非常に昂騰し一時不穩の場況を呈し休會に至ること少なからず

株の如き有貨物の相場は激動後崩潰すること多し

◎此卦高低共に止り節及直巾等は三或は八の數を以て標準とすべし

・・・・・・・

◎一年中の高低占、▲春、漸次高し、卯の月殊に上升す、▲夏、相場高低亂調にして後大に上る、▲秋、一時に崩潰することあり酉月に其應あらん、▲冬、持合なれども下直なし

・・・・・・・・

◎此卦を占ひ得たる時、●寅卯の日なれば高し、●亥子の日も亦高し、亥の日は最も强し、●申酉の日なれば安し、酉の日は殊に弱し、●辰未戌の日なれば少しく安き方、丑の日は多く持合、●

巳午の日は高下往來あり一定し難きも上大にして下げ少き意あり

○初爻變、往來あるも小安き方後持合

○二爻變、大に煽ちあり一時急下げあるも後又上升して結局變らず

○三爻變、次第に上進す

○四爻變、相場强くして少し上るも大なる上げなし

○五爻變、急落ありて後高し

○上爻變、相場弱くしてヂリヽヽ安

䷭　地風升

此卦は相場絶對に强剛にして、其上向するや迫まらず綏々として高く、而も上りて降らざるの意を含めり、例令へば普通の上り相場は、急激に二十丁上れば、又五七丁下る如き樣を呈するも、此卦にありては、一時に急進することなく漸次に上り而も期代りの際は、鞘の割損多くして賣方は全敗の結果を來すこと多ければ、

必ず買方針を以て貫くべし

◎此卦高低共に止り節及び直巾等は五或は十の數を以て標準とすべし

◎一年中の高低占、▲春、次第々々に下押ありて歳内の底直を作ること多し、▲夏、煽ちあり高し、土用中は殊に高し、▲秋、持合にして上直勝ちなり、▲冬、安直にて持合ふも後少し高し

◎此卦を占ひ得たる時、●丑未戌の日なれば必ず高し、辰の日は持合ふこと多し、●巳午の日なれば多少上向す、●寅卯の日なれ

ば必ず安し、●亥子の日なれば持合安き方、●申の日なれば少しく高く（時に暴騰することもあり）酉の日なれば多くは持合なり
○初爻變、一旦高くして後は持合
○二爻變、往來あり變化定まらず後少し安し
○三爻變、高下あるも片寄らず
○四爻變、初め緩々と高く後賣方の煎れ續出し不時の大飛騰を爲すことあり
○五爻變、初めは弱くして後小高し

○上爻變、持合にして動かざること多し

䷮ 澤水困

此卦は久しく底直にて持合、强弱共倦み疲れ連日釘附相場を演し、市況消沈の極點に達する時、俄然强材料の出で、遽に市場沸騰大に上進するの傾向を來すこと多し、然れども相場上直にありて此卦を得ば必ず持合と知るべし、只相場安續きの時或は下直にて持合ふとき、此卦を得れば絶對買方針を取るべし

◎此卦高低共に止り節及び直巾等は三或は八の數を以て標準とすべし

◎一年中の高低占、▲春、久しく靜穩の夢を破りて俄に大上向することあり、▲夏、高下あるも大巾の往來にして片寄らず、▲秋、大下落、▲冬、持合にして居据り動かざるべし

◎此卦を占ひ得たる時、●寅卯の日なれば必ず高し、●子亥の日も亦高し、亥の日最も强し、●申酉の日なれば必ず安し、●辰未戌の日なれば安し、丑の日なれば多くは持合、●巳の日なれば少

し安く、午の日は持合ふか或は少し高き方
○初爻變、初めより段々上り後持合
○二爻變、弱氣筋極力賣叩き漸次下降す
○三爻變、高下往來あり後小高し
○四爻變、强氣筋手揃ひ買煽りて一時突飛なる高直を出すことあり
○五爻變、漸々下りて後反動高あり
○上爻變、持合少し安き方

䷯ 水風井

此卦は始め市場沈靜閑漫なるも、後段盛活潑なる商況を現はし上升すること多き卦なり、然れども相場直段の居所によりて多少赴きを異にす、相場下直にある程强しと知るべし、要するに此卦は上げ七分下げ三分の理ある卦なれば、各種の定期ともに買建に利多し、期米は正米の騰貴に連れて高く、株は好景氣の爲めに高し

◎此卦高低共に止り節及び直巾等は五或は十の數を以て標準とす

べし

◎一年中の高低占、▲春、相場持合ふて動かず後小安し、▲夏、少しく高し、土用中は最も强し、▲秋、往來あり大市の持合畢竟初め安く後高の仕成多し、▲冬、往來あるも小相場にして後少し押目あり

◎此卦を占ひ得たる時、●丑未戌の日なれば必ず高し、辰の日は持合多し、●巳午の日なれば多少上直あり、●寅卯の日なれば必ず安し、●亥子の日なれば多少安き方、●申の日なれば高く酉の

日は持合相場多し

○初爻變、一時上りて後持合

○二爻變、高下往來あるも巾廣の持合

○三爻變、持合にして變動少し

○四爻變、變動少き相場なり

○五爻變、相場緩みなくして上升す戌の日及丑の日に大に上直あり

○上爻變、市況沈靜にしてヂリ〻〻下向す寅の日に至り大下落あ

り

䷰ 澤火革

此卦は高低共に占ひ得たるときより、舊態を一變し上向するも、下降するも其足迅速にして提へ難き相場を出すことあり、高下共一概に決すべからず、若し底直を出して上る時の如きは、突進上升急にして强氣も利を得難き相場を出し、又天井直を打ちて下降する時の如きも、千仞の崖より大石を轉ばすが如き勢あり

◎此卦高低共に止り節及び直巾等は二或は七の數を以て標準とすべし

◎一年中の高低占、▲春、買方腰入强くして絶對に下げなし押目を買ふに利あり、▲夏、煽ち往來あるも大高直を出すことあり、▲秋、持合にして小相場多し、▲冬、大下落することあり

◎此卦を占ひ得たる時、●巳午の日なれば押なくして大に上る、●寅卯の日も亦强く寅の日は殊に高し、●子亥の日なれば大に安し、●申酉の日も亦安き方なり、●丑辰未戌の日なれば高下定ま

らず何れにか大放れあるの本となる故に他の關係を參酌して判すべし

○初爻變、小高くして持合

○二爻變、小往來にして變らず

○三爻變、一時急下げありて後戻あり

○四爻變、大下落市況一變し底直知らずの相場を出すことあり

○五爻變、持合にして變動少なし

○上爻變、小高く持合ひ大なる變動なし

火風鼎

此卦は始終高下變動ありて止まらざるの卦にして、大なる傾きはなしと雖、大直巾の往來あり、世上一般に好景氣にして諸種の定期相場共に其取組高頗る多く、高下共に順に捉へ易き相場を出すこと多し

期米は却て買方に利あり然れども長逐ひすべからず

株は却て賣建に利あり是亦早く利を收むるを可とす

◎此卦高低共に止り節及び直巾等は四或は九の數を以て標準とすべし

◎一年中の高低占、▲春、往來あるも大なる片寄なし、▲夏、高下激しく安し、土用に入りて後高し、▲秋、大向上の相場を出す▲冬、變事を唱へて期米は大に高く、株は暴落すべし

◎此卦を占ひ得たる時、●申酉の日なれば大に高し、●未辰戌の日も亦多少高き方、●寅卯の日なれば多少安き方、●巳午の日なれば大に安し、然れども己の日の占には時に大に高きことあり、

●子亥の日なれば往來激しく高下一定し難し、●丑の日は持合
○初爻變、初め高く後持合
○二爻變、高下往來あり片寄らず、時に不時入高き事も有り
○三爻變、一時高くして後下る
○四爻變、大暴騰天井知らずの高直を現はすことあり
○五爻變、持合强き方
○上爻變、大に安し、時に氣崩することあり

䷲ 震爲雷

此卦は大體高きこと多けれども、相場に一種の癖ありて、上る相場にても中途に急激なる押目ありて、往々氣崩れと見違へ大に驚くことあり、概して此卦は相場下直にあるときは絶對の買方針に利あり、若し上直にある時なれば必ず買建にすべからず、下落の急激なることは他卦に比なき意あり

◎此卦高低共に止り節及び直巾等は五或は十の數を以て標準とす

べし

◎一年中の高低占、▲春、上らんとするの形勢を示して大に安きことあり、▲夏、平時の天災期に似ず期米の如きも平穏の往來あるのみ、土用中に大に高直を出す、▲秋、不時入て高し、▲冬、持合にして變動少し

◎此卦を占ひ得たる時、●丑未戌の日なれば必ず高し、辰の日は持合多けれども時に暴騰することあり、巳午の日なれば大に高し、●寅卯の日なれば必ず大下落あり、●亥子の日なれば相場弱

くして氣配引立たず、●申酉の日なれば平時は持合こと多けれども時に不時を唱へて大に高きことあり
○初爻變、相場下る様を呈して却て高し
○二爻變、漸次に安し
○三爻變、初め上りて後持合
○四爻變、一旦上りて押目あれども後に高し
○五爻變、不時入て高きことあり、後安し
○上爻變、大に高し

艮爲山

此卦は全體强き相場なれども强弱共に進みて力を入るゝ材料なき爲めに自然一昂一低の小競り合となり久しく持合ふを例とす、然れども一朝機會に遭へば大に放れ直を出すことあり、直頃の如何に關係すること多けれども大抵は上放れすると知るべし、其放れ目に附きて賣買するを安全の策とす

◎此卦高低共に上り節及び直巾等は一或は六の數を以て標準とす

べし

◎一年中の高低占、▲春、往來あるも傾かず、▲夏、天災期の相場としては割合に沈靜なるも土用に入りて少し安き方、▲秋、根強き相場にして高きこと多し、▲冬、大に高直を出す、絶對買方針に利あり

◎此卦を占ひ得たる時、●子亥の日なれば必ず上放れ高直あり、●申酉の日も亦高く申の日最も強し、●丑未戌の日は安し、辰の日は多く待合、●己午の日なれば安き方、●寅卯の日なれば往來

激しきも大に片寄らず大抵少し上直あり
○初爻變、一旦急下げありて後高し
○二爻變、高下往來定まらず一般に氣迷相場を出すこと多く後小高し
○三爻變、上直持合
○四爻變、段々下りて後少し戻あり
○五爻變、一旦上りて後保合
○上爻變、持合にして動くこと少し

風山漸

此卦は大體漸々に上り新高直を現はすの卦なれど、其上げ歩調急促ならず少しく上りては押目あり、又上りては持合、時を經て後大高直を出すべし、然れども連月に亘りて上り詰めたるときに此卦を占得せば、此意と正反對の傾向を來し、一時に急轉直下驚くべき氣崩れ相場を演出することあり

◎此卦高低共に止り節及び直巾等は一或は六の數を以て標準とす

べし

◎一年中の高低占、▲春、持合にして少しく高き方、▲夏、往來激變甚しきも少しく安きに終る。▲秋、持合相場なれども大に强含みありて下らず、▲冬、子の月に暴騰することあり他は小高し

◎此卦を占ひ得たる時、●亥子の日なれば高し、子の日殊に大上放れすることあり、●申酉の日も亦高く申の日必ず飛躍す、●丑未戌の日なれば安き方、辰の日は持合か或は下落することあり、●巳午の日なれば多少安し、●寅卯の日なれば持合

○初爻變、初下り後上る
○二爻變、高下往來あり後小高し
○三爻變、段々に高し
○四爻變、大下放ありて買方の投玉續出し意外の安直を現はすことあり
○五爻變、高下激變あり少しく高止
○上爻變、底强くして下らず持合

䷵ 雷澤歸妹

此卦は大體に於ては高下の率、上げ三分にして下げ七分の割合を以て斷ずべし、諸相場共に大手筋の賣方勢力旺盛なるが故に、時價と不釣合の安直を出すこと多し、然れども期米にありては正米の出廻り少く、且つ地方の持米も多からざる故に、一朝機會あらば俄に沸騰することなしとせず、株其他は賣建に概して利あり

◎此卦高低共に止り節及び直巾等は三或は八の數を以て標準とす

べし
◎一年中の高低占、▲春、漸次に高く賣方煎れ續出す、▲夏、往來變化激しきも大なる片寄り相場はなし、▲秋、大下落ありて市況一變す、▲冬、持合相場にして後小高く終る
◎此卦を占ひ得たる時、●寅卯の日なれば大に强し、●子亥の日なれば絶對に上放れあり、亥の日殊に高し、申酉の日なれば必ず安し、●辰未戌の日も亦上直なくして降る、巳午の日なれば不時の事等ありて意外の激變あるも結局大なる傾きなし、●丑の日な

れば高下定め難し

○初爻變、往來激變あり夏秋は災異の不時入りて大に高く冬春は持合にして動かず

○二爻變、初高く後少しく安し

○三爻變、持合小安し

○四爻變、持合小往來

○五爻變、大下落あらん

○上爻變、少しく安き方

雷火豐

此卦は概して高下伯仲すること多し、然れども下直にあるとき此卦を占し得ば、假令下足の時と雖も必ず是より上昇すること疑なく、中直以上にあるときは反對に下降するなり、期米は正米豐潤なるに人爲的釣り上げの相場を出すこと多けれども、久しからず遂に大崩潰ることあるべし、株は好況の方

◎此卦高低共に止り節及び直巾等は二或は七の數を以て標準とす

べし

◎一年中の高低占、▲春、各種の相場共好況にして高き方、▲夏、始め少しく押目あり後大に高し、▲秋、持合相場にして弱き方、▲冬、大に安直を出して歳內中の底直となる

◎此卦を占ひ得たる時、●巳午の日なれば强くして下直なし、●寅卯の日なれば大に高し、卯の日殊に高し、●亥子の日なれば必ず安し、亥の日甚し、●申酉の日なれば小往來にして少し安き方、●丑辰未戌の日なれば多くは持合若し高下あるも傾かず

○初爻變、強き市況なれども大上げはなく畢竟高直持合ならん

○二爻變、持合にして變らず

○三爻變、一時大に下放れありて後戻あり

○四爻變、大に高し

○五爻變、人氣弱く市況振はざるも下げも亦少し

○上爻變、往來あり後少し高し

☶☲ 火山旅

此卦は大體根抵弱き相場にして、總じて上進は浮き足なり、此卦の常例として各市場共に弱氣材料のみにして、形勢下げざるべからざるの觀を爲すが故に、客筋は總賣と云ふ樣を呈し、勢ひ問屋黑人筋の買向ひとなり、意外の釣上げ相場を出すことあり然れども久しくして後又大に安直を出すことあり、能く其機を見て賣買すべし

◎此卦高低共に上り節及び直巾等は四或は九の數を以て標準とすべし

◎一年中の高低占、▲春、小往來にして少しく安き方、▲夏、大下直あらん、土用に入りて强剛の相場と爲る、▲秋、大に突飛の急上げあり酉の日に其應あるべし、▲冬、大下落あり然れども又急上げあり結局往來

◎此卦を占ひ得たる時、●申酉の日なれば大に强し、未辰戌の日なれば必ず上直あり、丑の日少し上げあるか多くは持合なり、巳午の日なれば安し、巳の日或は大に氣は持ち高きこともあり、●寅卯の日なれば安し、●亥子の日なれば變化常なく往來あるも結

局は變らず

○初爻變、初め强くして後少し安き方

○二爻變、一旦急下げあり後少し戻しあり

○三爻變、相場漸次に上昇す

○四爻變、上直に上直を重ね賣方煎れ多く自然格外の高直を出すことあり

○五爻變、小高く持合

○上爻變、急落あり後持合

䷸ 巽爲風

此卦は大體に於て上は小にして、下げは大なる傾向多けれども、時によりては大上昇なきにあらず、總じて高下共に其步調穩順ならず時々激變多し、　此卦の常例として賣方買方共に大に腰入强く、隨て取組も莫大にして、往々高下亂調の時に、不穩の賣買等あるが爲め、立會中止に逢ふことなしとせず

◎此卦高低共に上り節及び直巾等は五或は十の數を以て標準とす

べし

◎一年中の高低占、▲春、次第に下向す、▲夏變動多く高し、士用中殊に高し、▲秋、亂調の大激戰あり往來急にして一定すべからず或は立會中止せらるゝことあり、▲冬、沈靜の相場にして後少しく安し

◎此卦を占ひ得たる時、●丑未の日及び戌の日なれば高きこと多し、辰の日は上下定まらず多くは持合、●巳午の日なれば大に高し、巳の日殊に甚し、●申酉の日なれば大なる變化なし時により

申の日高きことあり、●寅卯の日なれば必ず安し、卯の日殊に甚し、●子亥の日なれば弱くして小往來

○初爻變、始め上りて後持合

○二爻變、高下往來あり後小安し

○三爻變、變動あるも片寄らず

○四爻變、大に高し

○五爻變、相場强けれども大なる上なし

○上爻變、大に安し

䷹ 兌爲澤

此卦は大體安き卦にして其下るや急激ならず、漸次月日を經て安し、然れども底直を出すこと多き卦なれば、若し下落續きしとき得るか、或は下直にて持合ふときに得ることあれば、正に此時に底直を入れしものなれば、是れよりは恐るゝ所なく絶對に買進むに利あり、斷じて是れより下落することなし

◎此卦高低共に上り節及び直巾等は三或は八の數を以て標準とす

べし

◎一年中の高低占、▲春、往來あり高きこと多し、▲夏、往來激しく高き方、土用に入りてより弱し、▲秋、大に安し是れ正に底直を出す相場なり、▲冬、持合にして變動少し後少し高きに終る

◎此卦を占ひ得たる時、●寅卯の日なれば必ず高し、卯の日最も强し、●亥子の日なれば大に高し、亥の日殊に甚し、●申酉の日なれば絕對に下放れあり、酉の日最も安し、●丑辰未戌の日なれば少しく安き方、●巳午の日なれば持合にして小安し

○初爻變、往來變化激し、夏は天災等多く大に高直を出すも後又下る
○二爻變、大に高し
○三爻變、往來あるも片寄らず
○四爻變、買方偉大ある力あり機會なくして强し
○五爻變、大に安し
○上爻變、安直持合

䷺ 風水渙

此卦は大體は下向一方の卦にして、相場の直頃に拘はらず常例として安材料多く意外に下落すること多し、時に或は大手筋の買進み相場の大勢を瀬切ることあるも、自然の傾向に敵すべくもあらず、一敗地に塗れ益々格外の下直を出すこと多し、目先の占ひには一時持合ふか、又少し上ることあらんも、後必ず下落すべし

◎此卦高低共に上り節及び直巾等は四或は九の數を以て標準とす

べし
◎一年中の高低占、▲春、持合にして少し安き方、▲夏、大崩潰ありて格外の下直を出すことあり此時正に歳内の底直を出すと知るべし、▲秋、少しく高し、▲冬、往來ありて後少しく高きに終る
◎此卦占ひを得たる時、●申酉の日なれば大に強し、酉の日甚し●未戌の日なれば大に高し、●丑辰の日なれば概して持合て動かず、●巳午の日なれば必ず安き方、●寅卯の日なれば持合か或は

少し安し、●子亥の日なれば往來あるも大なる傾きなし
○初爻變、少しく安き方
○二爻變、買方大勢力あるも未だ買進まず故に早く買建に利あり後必ず高し
○三爻變、漸次下る
○四爻變、大上昇あり場況革まる
○五爻變、一時は下げあるも後持合
○上爻變、賣方更に優勢の者現はれ大に下る

水澤節

此卦は概して變動少き卦にして、何時も焦付相場を出し、俗に所謂底直百日と云ふ相場を實現すること多く、此際は强弱共倦み疲れて日々賣買極く極少にして、市況閑散を窮むることあり、然れども相場上直にあるとき此卦を占得せば必ず下降すべく、若し底直の際に得れば、是れよりヂリ〱と上昇すると知るべし

◎此卦高低共に止り節及び直巾等は二或は七の數を以て標準とす

べし

◎一年中の高低占、▲春、持合こと久しく後小高し、▲夏、大海上期の相場としては甚だ變化少く後少し高し、▲秋、持合にして安き方、▲冬、持合ふこと久しく納會前に大に下押しあり

◎此卦を占ひ得たる時、●巳午の日なれば必ず多少共上直あらん、殊に巳の日は强し、●寅卯の日なれば必ず高し卯の日最も强し、●亥子の日なれば必ず大下放れあらん、子の日殊に安し、●申酉の日も亦安き方、●丑未の日は多少變動あり强きも、辰戌の

日は持合

○初爻變、大に高くして場況一變す

○二爻變、人氣强く種々高材料の風說等あるも其割に上らず結局高持合

○三爻變、持合小高し

○四爻變、持合小安し

○五爻變、持合ひて變動少し

○上爻變、一旦安くして後行止り動かず

風澤中孚

此卦は大體十中の七八分は、安きこと多き卦にして而も何時も高材料ありて却て下押しの傾向を來すこと多し、然れども相場の安直打續くときに得れば、一時に急激なる跳ね返しの突進あることなきにあらず、目先きの占ひには必ず買建を禁ずべし

◎此卦高低共に止り節及び直巾等は一或は六の數を以て標準とすべし

◎一年中の高低占、▲春、初めは安く中程に少し上りて後は持合となり動かず、▲夏、一上一下變化極まりなく毎日の節々にも激變多し、土用に入りて後安し、▲秋、持合にして一時例外の不況を呈するも後高きに終る、▲冬、上らんとして頭問へ行艱むこと多し、結局持合
◎此卦を占ひ得たる時、●子亥の日なれば多少强し子の日大に高きことあらん、●酉の日なれば小高く、申の日大に高し、●丑未戌の日なれば必ず安し、辰の日は持合ふて動かず、●巳午の日な

れば多少安き方、●寅卯の日なれば少しく變動あり、後小高し
○初爻變、賣方潜勢力あり現はれず後大に下る
○二爻變、往來あるも傾かず
○三爻變、大に安し
○四爻變、更に一層の下落ありて格外の下直を出すことあり
○五爻變、持合小安し
○上爻變、不時を唱へて高し

䷽ 雷山小過

此卦は常に不時の天災地異多く、大に向上せんとするの形勢を示しつゝ却て上ること少く下げ大なり、且つ四圍の事情高材料多くして併も上らざる故に、一般强弱共大に氣迷はしむる相場を現出すべし、然れども大方針は必ず賣りに利あることを忘るべからず

◎此卦高低共に止り節及び直巾等は三或は八の數を以て標準とすべし

◎一年中の高低占、▲春、初め持合ふこと多く後少し高き方、▲夏、亂調亂派の相場にして高しと思へば忽ち挫けて安く、安しと思へば又跳上り結局傾かず、▲秋、大に安し、▲冬、持合にして少し戻る

◎此卦を占ひ得たる時、●寅卯の日なれば多少上直あり、●子亥の日なれば大に高く、亥の日殊に强し、●申酉の日なれば、必ず大下放れあらん申の日最も甚し、●辰未戌の日なれば多少安き方、丑の日は持合多し、●巳午の日なれば往來あるも大なる片寄相場

はなし

○初爻變、人氣弱くして相場却て小高し

○二爻變、往來變化あり後少し高し

○三爻變、相場ヂリ〳〵安き方

○四爻變、人氣のみ躁りて相場は依然として動かず

○五爻變、大に崩潰して相場一變す

○上爻變、持合後一段の安直を出す

水火既済

此卦は大體に於ては、高低五分五分の理ありて一時何れにか片寄る相場を出すことあるも、間もなく又舊に復す卦なれば何れにしても長逐ひするは禁物たることを忘るべからず、然れども易六十四卦中悉く正位を得しは、唯此卦のみにして、前記高低相伯仲すと言ふも、相場中直に在る時を標準とせるものなれば、片寄りたる相場には其心して判すべし

◎此卦高低共に止り節及び直巾等は二或は七の數を以て標準とすべし

◎一年中の高低占、▲春、多くは持合なれども時に高きことなきにあらず、▲夏、煽ちて往來あるも傾かず、土用に入りて高直あり、▲秋、概して持合の象なれども相場上直にあれば安し、▲冬大に安し

◎此卦を占ひ得たる時、●巳午の日なれば多少高し、午の日は最も强し、●寅卯の日なれば少しく高し、寅の日は大上放れすること

とあり、●子亥の日なれば必ず安し、●申酉の日なれば多少安き方、●丑辰未戌の日は高下一定せず多くは持合

○初爻變、强き相場なれども其割に上らず

○二爻變、往來あり後小高し

○三爻變、一旦急落あり後變ありて高し

○四爻變、大に安し

○五爻變、持合にして變動なし、時に小安きことあり

○上爻變、安く保合

火水未濟

此卦は高下往來激變常なく、高しと思へば忽ち碎けて安く、安しと豫期せば却て大に高く、始終氣迷ひ相場を演出するも、强弱共力均等にして且つ上げ下げ共材料なき故に、人爲的の大競り合に過ぎず、大體は大巾の持合にして頗る利を得難き市況を呈せん、此際は長逐ひせずして、利のある方より利喰してドテンするを妙とす

◎此卦高低共に止り節及び直巾等は四或は九の數を以て標準とすべし

◎一年中の高低占、▲春、往來あり後少し安直を出さん。▲夏、煽ちあり大に下る、土用に入りて後戻りあり相場强し、▲秋、大に高し、▲冬、持合こと久しく後少し高きに終る

◎此卦を占ひ得たる時、●申酉の日なれば必ず高し、酉の日は殊に强し、●未戌の日なれば大に高し、丑辰の日は持合ふこと多し時に反對に安きことなきにあらず、●巳午の日なれば大に安し、

但し巳の日は變あることあり、●寅卯の日なれば多少安き方、●亥子の日なれば多くは持合、亥の日は少し氣を持ち上ることあり
○初爻變、少しく下りて持合
○二爻變、買方優勢なり後必ず高し
○三爻變、大に下る
○四爻變、漸次上昇して下直なし
○五爻變、持合多少往來あるも片寄らず
○上爻變、一旦安くして後又戻りあり結局傾かず

米株易占

終

附録

相場正夢考目次

目次終

相場正夢考

九鬼碩果子講述
宗義會筆錄

總論

夢の占ひに就ては、時の古今を問はず、國の東西を論ぜず、一様に未來の吉凶禍福を判斷することが行はれて居る、當今は百科の學藝が非常に發達して居る樣であるが、形而上の學術に至りては却て古に及ばざる點がないとは言へない、故に今の學者達の眼から視れば、夢占の如きは或は無意味なるものと爲す人もあらふ、井上妖怪博士の如きは確かに夢を取るに足らぬことゝ論じて居るが、余輩は如斯論者が宇宙無限の秘關を開發する鍵を有して居る樣に、漫りに管見を誇張するを可笑しく感ぜざるを得ないのである、何故となれば宇宙間には未だ人智の及びも著かぬ微妙不可思議なことが澤山ある、否其理外の理、想外の事の方が萬倍億倍も多いのである、然らば夢の價値を彼等に評定させるは、夏蟲に氷の說明をさす樣なものである、試に想ひ見よ、前年世に喧傳されし千里眼の如きは如何、一時學者は之を肉眼の透視だと斷定した、何ぞ知らん是れ感識の初步なるを、又被催眠者が能く遠きを見、射覆に通ずる是皆靈明なる意識の感覺に因るではないか、然らば夢なるものは、既に睡眠中諸機能を休息し、全く物欲を離れたるときであるから、時に或は純然たる精神の靈告を受くることを否むことは出來まい、西洋の例は暫く措き、支那の歷史を繙くも黃帝が華胥の國に遊びたるが如き、文王が夢に於て大公望を得たるが如き、丁公が松を夢み十八歳にして三公に上りたるが如き、支那にては餘程古くより行はれたもので、我國にても後醍醐帝が楠を夢みて正成を得、北條政子が妹の雁の夢を購ふて頼朝の妻となれるが如きは、皆人の知る所、古來斯る例は數ふべからざる程ある、支那の周代には占夢官などありて、夢に就ては餘程重視し且つ研究したものと見え、周禮に夢の種類を正夢、噩夢、思夢、寤夢、喜夢、懼夢、の六種に區別してある、是れ皆人事上の吉凶を卜したものである、其他別に夢を五種に區別してあるのもある、曰く靈夢、實夢、心夢、虛夢、雜夢、等である、無論靈夢は神佛に祈願し或は平生信仰篤き人が夢に告示を受くるもの、實夢心夢は所謂心靈の感示に依るもので此三種が則ち占夢に適用すべきものである、他の二種は的てにならぬ夢であるから占に適用しない、以上述ぶる所は重もに人事上の吉凶禍福を占ふのであるから、好し間違つた所で直接に利害の關係する處は尠いが、若し其れ相場の高低を夢によりて定め幾萬千の資を投じて疑はざるに至りては、如何に浮沈常なき業とは云ひながら、一夜の夢によりて家産を蕩盡する如きを見ては實に戰慄せざるを得ない次第である、併ながら又或一面より考へて見れば、相場の高低ほど豫知し難き業は他にないのである、或は經濟上の關係、國際上の關係、天候の關係、穀作の關係、大手筋の消息等殊に今日は世界各國の財界の波動に大關係するのであるから、若し之を數理的に判斷せんとするは到底及びもつかぬとで、更に日進月歩智力のあらん限りを盡して互に暗鬪し其間に輸贏を決せんとするのであるから、迚も人力の及ぶ所でない、勢ひ運を天に任せて賣買せねば致し方がないのである、其機を逸早く發見しようと腐心するの極、遂には易占に據り、干支五行を考へ、九星陶宮、御籤、罫線、見得と云ふ樣な種々の兆朕を求むるのである、其所で多く神佛を信仰する人抔は其告示を夢にでも得なければならぬ、蓋し夢判斷の多く用ひらるゝは此邊から根ざして居るのである、當今は都野を問はず一般に夢を信ずるの傾向あるは實に夥しき事實である、而して夢によりて損耗を招きし人も成功せし人の實例も屢々耳にする所である、若し夢を以て信を措く價値なしとせば別に論はないのであるが、未だ科學の力では此不可思議の理を說明することが出來ないとすれば、又あながち夢占ひを郤くることも出來まい、殊に從來占夢に於ては一定の理法があつて譬へば一度或る夢を見て相場大に高き實例あり、更に其れと同一の夢を見し時、相場も亦同樣の傾向あり之を再三再四に及ぶも同一の結果を來すは實驗上證明し得らるゝとで夢に熱心なる人の亦能く證明する所である、玆に於て余は數多の正應ありし實驗を聚め、之に加ふるに易理乃ち陰陽の原則より割出したる理法を以て參酌し占夢の例を編成したものが此篇である、元來易理は宇宙間の森羅萬象を包羅して漏るゝ所がないのみならず、總ての占道の本源であるから必ず據ところなき無稽のものではない積りだ、若し其れ此判斷を標準として占夢に適用せば、多少益する所があるだらふと確信する所である。

判者の心得

一、夢に大小虚實の區別がある、是れは第一に心得なければならぬ、例へば屋根の夢を見るとせんか、普通の農家或は町家等の平屋根と、神社佛閣宮殿等の大厦の屋根とは大に相場の形勢高低の上に於て差等がある、又山を夢みし時でも富士の如き大嶽と丘陵の如き小山とは甚だ程度の上に相違があることを知らねばならぬ。

一、虚夢と實夢を識別することは根本的必要である、例へば雜然として取とめた所もなく東と思へば西、山に在るかとみれば川にあるが如き夢は正しく虚夢にして斷然棄てゝ取らぬが宜しい、又實夢は神佛の告示或は精神の靈告との區別なく、同一の夢を繰り返してみたり、或は事體正しく判然と覺めて後も正確に判し得らるゝ如きは宜しく判斷に用ふべき正夢である。

一、同種類の夢にても其動靜上下或は附屬する物事により或る場合には高き筈の夢が安く判じなければならぬことがある、是亦其情勢によりて大に趣を異にせるを察しなければならぬ、例へば同じ馬の夢にても靜かに繫がれてあるのと、奔馬とは大に差がある、又川の夢にても溯ると流下するとは全く反對である、山を上り下りするも同じ理である、又池潴水等は概ね安き方であるが若し其傍らに大木ありとせば始めは安く後大に高しと判すべき場合もある。

一、方位の上に於ても大に相違がある、全體方位は東と北は陽方にして西と南は陰方なるは易に明かである、多くの實驗說を聞くに東と北の方へ行くか、又向ふ如きは高く西と南は安しと云ふ、實に易理と暗合するは妙と云はなければならぬ。

一、時機と云ふことを參酌して判じなければならぬ、例へば連日上り詰めたる相場と、中直にて持合ふ時と、下落續きの時とを察し、若し天井近き相場と觀へる時に天に登るが如き夢は必ず賣方針を取らねばならぬ、又下落して底直とも觀るべき時に川に陷るが如き夢を見れば絕對に買方に向はねばならぬ如きことである、

一、相場も種類の多き取引業であるから、一樣には行かぬが、其順逆を察して判斷せば何れの取引にも適用の出來ぬことはない、例へば期米の如きは下げるが順にして上るは逆である、株

式の如きは上げるが順にして下げるは逆である、此區別を立てるは最も觀易き法がある、是れは多數の人民を本位として大勢の人が喜ぶ方は高安に拘はらず順とし、嫌ふ方を逆とすれば直に判別が付くであらふ、

一、正夢にして吉と覺つたときは必ず夢の次第を他人に告げては不可ぬと云ふことは古來誡めてあることであるから應驗のあるまでは愼みて口外せぬ方宜しからん、併し親近の人に高低の見込を問はれて默するまで頑固を守る要もなからふ、

今別に一言讀者に注意して置きたいことがある、凡そ人の世に處する、千樣萬態複雜にして窮りがない、日常物に觸れ事に當りて見聞する、幾萬億種と限ないのが悉く每夜の夢に上るべき筈のものであるから、限なき種類を限ある小册の內に收めんとするは固より不可能の樣ではあるが、併し物には必ず種族があり、事には必ず法則がある、其所で此篇に載せたものは、其種族を概別して夢の判斷に就き必要なる法則を示したものであるから、其時々夢の實地に對照し其例を索むる樣では未だ本篇の眞味が判らない、苟くも讀者は必ず先づ全篇を通讀し其大意を玩味し、而る後に判斷の法則を文外に曉るが最も必要のことである、謂はゞ本篇は相場の高低を夢に據りて判定する法則を概例以て示したのに止まるのである、故に如何なる紛雜の夢でも、彼れと是れとを組合し、其夢の前後を記憶し、譬へば前に安き夢をみて後に高き夢をみれば是れ則ち始安く後高きを知り、又高き中に安き意味を含むが如き、或は昨夜非常に大なる夢をみて暴落の兆を得、今日未だ其應なき爲め、更に今夜小高き夢をみて、昨夜の大夢を忘るゝが如きは最も戒むべきことで、如斯場合には小を棄てゝ大を採り以て確く一定の方針を失はざる様强めなければならぬ、殊に大なる夢は決して度々み得べきものではない、故に夢の大小により高低の程度を識別せば、此小册中に包羅せる理法にて十分に具備して居る考である、然れども亦正夢と虚夢との區別を曉らざれば其根本を誤ることになるから、若し夢を以て正しき應驗を得んとする人は、常に心を冷靜にし或は神佛を篤く信仰して邪念を去り强めて寢に就くとき無我になる樣にするが第一の要義である、玆に重ね

て婆心を呈して置く、

東京本郷僑居に於て

碩　果　子　識

天地之部

〇、太陽の昇るとみれば大に高し、朝日の出る景をみるも亦同じ

〇、太陽中天にあるをみれば一旦急進あるも間もなく下る、或は上らずして直に下向することもあり

〇、太陽の没するをみれば其景の如何に拘はらず安し

〇、太陽に暈《かさ》又は故障あるをみれば高低定まらず、不時入るの相場なれば賣買共に餘り力を入れざるがよし

○、天の晴るゝをみれば安し、時機を計りて買建に利あり、曇るは持合

○、太陽の流れ落つるとみれば大暴落あり、而も急應の験多し油斷すべからず、翌日立會中止ありし實験もあり

○、天に登るとみれば相場下直にあるときは暴騰の兆、高直の極むるときは三日の内に大暴落あり、中直にあるときは大抵高し

○、月明かなるをみれば月の十五日以内は高し、以後は安し

○、月雲に蔽はれ或は暈あるをみれば概して持合と知るべし

○、月流れ落つるとみれば一旦急落す、然れども相場下直にあるときは必ず底直を出して大上進の兆

○、月水に映るとみれば平穏の相場にして動少き方

○、三日月をみれば漸々高し其形上向くときは殊に高し下向く時は緩々上る

○、日月並び出づるとみれば非常の相場にして三百丁上りて百五十丁下るか、或は百五十丁上りて三百丁下る其情勢を考へ前後を判すべし

○、星をみれば順次に高し、併し上ること急ならず、程度は星の大小或は多少を以て判すべし、就中北斗星の如きは大に高し
○、星の流るゝをみれば安し、但し平行して東又は北に走るは高し、南、或は西するは安し
○、雨雪等の降るをみれば安し、但し雪の降らずして積りたるは却て小高し
○、夏の夢に雪降るをみれば必ず高く、冬は安し、霰、霙、霜等亦同理なるも其勢雪よりも輕し

○、大風吹くとみれば相場高下煽ち急なり、雨を交ふれば大に安し

○、暴風雨にて人家倒れ樹木折れるをみれば一時急進ありて後大に下る

○、霧《きり》、靄《もや》、霞《かすみ》、等をみれば持合相場なり

○、雷鳴激しきをみれば高下烈しけれども傾かず、高きを買ひ高直を賣れば賣買共に利を得らるべし、但し落雷は急下げあり

○、虹の夢は東或は北の方にあれば高し、西又は南の方にあれば

安し、但し高下共甚だ大ならず

○、旱天續くとみれば高し、但し十日に上りし相場を一日にて崩す急下げを心得べし、霖雨は之と正反對

○、地震搖るとみれば大抵安きを主とす、然れども夜半迄の夢は高く夜半後の夢は安きことあり

○、地震にて家屋崩壞するとみれば大に安し、然れども久しからずして復上る

○、富士山に登るとみれば大に高し、其應三ヶ月に及ぶ、麓より

登れば三百丁以上其山腹より登れば其半と知るべし、若山巓に在るをみれば大天井近き内に現はる大暴落の兆、遠方より眺むれば時を經て上る、下山するをみれば必ず安し

以上は其夢に附隨する所を考へ、又相場の直頃の如何を察して上下の程度緩急等を察すべし

○、普通の山をみるも其高低大小により前例により判すべし

○、山崩るゝとみれば急落あり

○、山中に住するとすれば一時上りて持合日を經て下る

○、山洞に入るを入みれば遲々として上る洞穴より出づるとみれば安し

○、嶮しき山に攀ぢ登り又草木を辿り登るとみれば人爲的高直を出すことあり、時定まりて後大に下る

○、帝都に上るとみれば高し、帝都を出立するとみれば安し

○、宮城を拜觀し、又內裏に入るをみれば高し

○、屋上に登るとみれば少し上りて下げ大なり、屋根の大小高低により其程度を異にす

○、海河の夢をみれば安き方、然れども海の干潮に底の現はるゝをみるが如きは大に高く、滿潮は必ず安し

○、海上波濤激しきをみれば高下激しく、船破壞するをみれば大に安し

○、海上或は沖中にて船掛りするをみれば相場持合にして動かず、日を經て放れ足の方に隨へば利あり

○、大船に乘り航海するとみれば其發程地を察し東北に向へば高く西南に向へば安し、其方向不明なるときは相場の足に隨ふべ

し

○、汽船に乗る夢は概して高し、然れども其情勢により緩急あり、又航海中故障等ありて運轉を中止せしなどの夢は却て安し、方位は必ず前例に從ふ

○、荒屋に雨降込或は雨漏るゝとみれば必ず高し

○、池沼瀦水溪流等の夢は其情勢により大小の相違あるも多少安し

○、川を溯るとみれば、且高くして後大に安し

○、大海或は川底等を徒歩するをみれば概して底直を出すこと多し、必ず買建に利あり、若し相場天直にあるときは却て下落す
○、神社の夢は高く佛殿の夢は安きを常とすれども其附隨するものゝ關係を察して判すべし
○、郊野の曠々たるをみれば必ず高し
○、森林、竹林、大樹の夢は必ず高し
○、大道の故障なく通ずるをみれば大に高し
○、井戸、溝洫をみれば安し、但し井戸は押目買に利あり、水な

きをみれば却て高し

○、井戸より水の沸き涌くをみれば大に高し、他の噴水も亦高し
　然れども井戸程大ならずして後下げあり

○、竈、爐の夢は一旦高きも間もなく下る

○、墳墓の夢は一時小安くして後大に高し

○、墻壁門戸の破壊せるをみれば大に崩る

○、洪水氾濫するとみれば大に安し

○、海瀟滔々として打寄するをみれば必ず高し

○、橋を渡るとみれば高し、橋の落つるをみれば崩潰することあり

○、龍宮又は水中に宮殿等あるをみれば大に高し

○、鳥居をみれば少し上りて後下る

○、原野に大木一本あるをみれば大に高し、凡そ百丁捧上にせし經驗多し

○、地上より故なくして噴水するとみれば大に高し、買方大勢力あり

○、地中より噴火するとみれば大に高けれども後變あり噴火山より噴火するも同じ然れども後下足大なり

○、山火事をみれば大に高し、但し其廣狹の範圍により判斷すべし

○、山頂に池あるをみれば一錢の上もなくして下る

人事之部

○、天皇陛下に拜謁し或は鳳輦を拜觀するをみれば、期米は大に

安く、株式は大に高し、皇族方も同理なれども高低に差あり

○、翁、仙人、偉人、或は古聖人古の武人文人大官等に會ふとみれば高し、普通の故人は少し高し

○、父母、老妣をみれば高し

○、死體、骸骨、葬式等の夢は大に安し

○、病人、盲人をみれば安し、狂人をみれば高し

○、農夫、野人等をみれば安きこと多くして非人乞食をみれば却て小高し、其間に大に意味あり深く察して判ずべきなり

○、醫師或は手術等を受くるとみれば安し、就中血甚しく出づるは殊に安し

○、力士をみれば高し、然れども若し力士高地に立てるをみれば却て安きことあり

○、美人をみれば安し

○、海員、水兵、河稼人等の夢は概して高し

○、戰爭の夢をみれば大に高し、軍隊の操練するをみるも高し

○、盜賊の夢又は追剝ぎ等に害を受けし夢は高し

○、藝娼妓、巫女、樂人、伶人、俳優等をみれば相場始め下りて後高し
○、鐃鈸、仁王、閻魔等をみれば大に高し
○、男女打混じて酒宴を開くとみれば一旦は上り後下る
○、宴會、會議、其他集會共多人數の集まる夢をみれば總て高し
○、能舞、演劇等をみれば相場高低一定せず大抵往來と知るべし
○、案山子をみれば一時上りて後下る
○、海河に入り泳ぐとみれば一旦安くして後高し、但し水に溺る

ゝは安し

○、雨雪に濡れたるをみれば安し、傘笠等を被りたるをみれば大に安し

○、土を穿ち堀る等の夢は底直持合のこと多く日を經て上る

○、神社の祭事祭禮等は高し、神樂をみれば殊に高し

○、佛事供養等の夢は概して安し

○、鏡、玉、寶石等をみれば安し

○、太鼓、皷等を打つをみれば高し

○、笛、鐘、笙、琴の夢は大抵安し、三味線は時に高きことあり

○、冠、帽子、傘等を被りたるを見れば安し

○、扇子、團扇を得るをみれば往來ありて安き方

○、足袋、下駄等の夢は高し

○、碁、將棋、或は博奕等の夢は持合後上る、多くは圓臺を示すの兆とす

○、銃を放つをみれば概して安し、弓を射るをみれば高し、何れも相場足早し、大砲は銃と同理にして大なり

○、入浴するとみれば高し

○、魚を釣るとみれば少し押して後高し

○、歯の抜けたる夢をみれば安し、必ず買建すべからず想外の大損あり

○、車に乗るとみれば高し、汽車、馬車、自働車、自轉車、亦同理なれども物により、遲速あり行く方向は前例による

○、倉庫に米滿つるとみれば期米は安し、空虚なれば高し株式は之と反對なり

○、出産せる夢は男兒なれば高く、女兒なれば安し、孕婦をみれば高直續きの時は天井直を出し、安續きの時は底直を出して大上進の兆

○、化物、怪獸、其他得體も知れぬ奇怪なる動物をみれば大概は高き方、但し幽靈其他陰氣なものは安し

○、戸門等を開くとみれば高し、閉づるとみれば安きか或は持合し

○、人と爭鬪し身を斬らるゝをみれば高し、人を斬るとみれば安

○、都府に旅行すとみれば高く、田舍に旅行するは安し

○、金銀證文、其他手形等を得るとみれば安し、人に渡すとみればば高し

○、書畫を書くとみれば大抵安き方なれども其繪の種類により高きものありと察すべし

○、家を明け移轉する夢は都て高き方なれども其轉任する宅の上下により差等あり

○、衣服を新調し或は新衣を着る夢は必ず安し

○、獵に出で山野を跋渉するとみれば大に高し

○、網を打つとみれば安し、網を引くとみれば却て高し、魚を釣るとみれば高し

○、肢體を怪我或は負傷すとみれば安し、血出づれば殊に安し

○、高き所より飛び下りたるをみれば高し、若し飛び下りて直立したる時の如きは一錢の下直もなし

○、空中を翔けるとみれば少し上りて後下る

○、神前に祈り、御酒供物等を上げるとみれば高し、佛前なれば

却て安し

○、大黒の像其他の福神に詣づる夢は株は大に高くして米は高からず却て安きことあり

○、旗幟を立つるをみれば高く、五色の旗或は萬國のフライキの飜々たるをみれば大に高し

○、餅搗くとみれば大持合にして動かず後高し

○、茶屋、妓樓に遊ぶとみれば一時上りて後變あり

○、婚禮の夢は始押して後高し

○、死人を擔ぐか又死體を拾ひ上ぐるとみれば不日大暴騰の兆
○、暗き所に佇み又闇夜に行くとみれば安し
○、電光の棚引くをみれば急上げあり、又急落あり早く利喰すべし
○、田植、種蒔く等の夢は期米は安く、株は高し、稲刈麥刈等の夢も同様なれども早し
○、普請、建築等の夢は高し、破壊するとみれば安し
○、煤拂ひを爲すとみれば安し、但し煙筒の煤を掃除する如きは

高し

○、泉水、庭園、花卉等を扱ふとみれば安し

○、大石を動かし据へるとみれば底直を出して後上ること多し

○、雪隠、糞便の夢は始め小安くして後大に高し

○、樹木を植ゆるとみれば高し、松杉楠等の喬木は大に高くして、灌木は小高し

○、花を折り、花を摘むとみれば安し、總體何れにありても花の夢は安しと知るべし

○、喧嘩口論を爲したる夢をみれば一時高くして變あり、買ふに利あらず高直を賣るに利あり

○、簑笠、雨具、外套等を着たる夢は安し

○、水車をみれば安し、若し水車に水なく空廻ひする等の夢は高し

○、勸學、修學等のをみれば株は高くして米は安し

○、斬髮するとみ、或は髮の拔けたるをみれば安し、但し婦人の髮を結ひたるをみれば高し

○、嘆き悲み、或は頻りに哭泣するとみれば高し、人によりて安き應あることあれども後には上る方なり

○、笑ひ興し或は何となく快心の事ありとおぼしく笑ふことあれば安し

○、身非常に零落するとみれば高し

○、身非常に榮達し、富貴になり或は高位高官に昇るとみれば安し

○、木に登り又は梯子を上るの夢は小高くして後下る

○、地上に横臥し或は伏すとみれば大に高し

○、煙火を打上ぐる夢をみれば大に安し、時に少しく上ることあれども賣建に必利あり

○、獸叉は何か者に逐はれて逃げ走るとみれば大抵高き方なれども其方向により定むべし

○、飛行機及飛行船の夢は槪して高直ありて後下る其形勢に依て察すべし、東及北に飛ぶは高く南及西するは安し、上ると下るとを考へ方に飛らんとす如きは是より高く、天空にあるは天井

近しと察し買方針を建つるに利あり

品物之部

○、金庫、衡器等をみれば高し

○、陶器類の夢は總じて始高く後下る、若し壊れ缺けたときは直に下る

○、簞笥、長持、其他箱類の夢は概して高し

○、鎧甲冑を飾りたるをみれば高し若し着用したるときは安し

○、刀劔、刄物類の夢は安し

○、机、卓子等をみれば高し、椅子は安きか或は持合

○、夜具、座蒲團の類は安し

○、蚊帳を釣りたるをみれば安し

○、飛行機、輕氣球等の下に据置けるは大に高し、破損等せるは安し

○、酒樽、酒器は總て安し

○、時計、磁石をみれば高く、寒暖計は却て安し

○、材木の積重ねたるをみれば高し、日を經て後上る

○、竹の立て重ねたるをみれば高し

○、筏の流下するをみれば安し、川を溯るは少し高きも後必ず下直あり

○、食器類は概して安し

○、撃劍道具及武具は概して高し

○、農具は總て高し

○、大工場、鐵工所等大規模の所をみれば、大なる夢の如くにし

て却て高下持合多し、外より家屋をみるは高し

動植物之部

○、鳳凰の夢をみれば大に高し、繪をみるも高し
○、鶴の夢は上ること三分にして下げ七分の割、但し田野にあるは必ず高し、巣籠をみれば高くして持合
○、鷹をみれば大に高し、鳥を撃つをみれば急進あり、鷲其他の鷹類は皆之に準す

○、孔雀、金雞鳥、都て美麗なる鳥類は安し

○、雞、家鴨、七面鳥等は少し安き方

○、駄鳥は相場の直頃により大に相違あり下直持合のときは高く上直にあれば安し

○、鳶鴉をみれば高し、其形勢により判斷を區別すべし

○、雉子は小高くして後下る、鳩は概して安し

○、總じて籠鳥は持合ふこと多く、飛鳥は其形勢により高低あり察すべし

○、龍をみれば相場高直にあるときは更に急進して後大に崩潰す、水中又は地上に在るをみれば大々暴騰の兆

○、獅子をみれば高し、吼哮し或は他獣を撃つとみれば更に大上升

○、象の夢は相場緩かにして根強く高し

○、熊の夢は直の如何に係はらず高し

○、虎、豹、犀、等をみれば高く足急なり

○、馬の夢は概ね高き方なれども方向に依る、例により東、北は

高く西南に向ふは却て安し、奔馬、騎馬は高下更に大なり

○、牛は高くして遅緩なり、方向は例に依る

○、猿猴族は相場高低定まらず結局大巾の持合多し

○、狗は庭内にあるは安し、然れども小相場なり、若し山野を驅け廻り狩獵に從ひ疾走する等の夢は必ず高し

○、猫をみれば普通安けれども時に變あり

○、鼬《いたち》、鼠等をみれば小相場なれども安き方

○、野猪《ゐのしゝ》をみれば高く豚《ぶた》は必ず安し

○、狐をみれば下る様を呈して高し、狸は之に反す

○、兎は少し上りて後下る

○、鯛をみれば初め安きも後上る、但し大少と所によりて異り、水中にあれば安く陸に潑溂たるは高し、總じて魚類は此理に準じ判ずべし

○、鯨の游泳せる夢は高し、噴水を爲すをみれば大に高し海豚其他鯨族皆之に準ず

○、鯱をみれば大に安し

○、鯉をみれば概して高し、天升するとみれば大に高し、但し空中等にあるをみれば安し

○、其他魚属の夢は大概安き方なれども、其状態によりて大に差あり判者は機を察すべきなり

○、鼈をみればヂリ〳〵高し

○、蛇大蛇等は所の如何時の如何に拘はらず必ず高し、其大小によりて差等あるのみ、若し上へ登り頭を擡げる如きをみれば大に高し

○、蟹をみれば下直持合

○、蚯蚓をみれば下直ならば底直を出して高きに向ふ

○、蟷螂、蟬、其他飛蟲等は何れも小高し

○、總體蟲類は大なる相場の兆にあらず、地上に匍ふ虫は割合に相場强し

○、松杉檜楠等の喬木をみれば必ず高し

○、柳桑萩等の灌木類をみれば總じて安し

○、茄子實りたるをみれば大に安し、器に入れたるは動少し

○、樹木の實りたるは少し高くとも後安き方、花の開きたるは必ず安し

○、青田の廣く一面に緑を布きたる如きをみれば必ず高し

○、稻の豐熟せるをみれば下るも底直を出して後高し麥其他穀類亦同じ、刈り取りたるをみるが如きは反對なり俵叉は器に入れたるは安し

○、筍の生へたるをみれば必ず高し、菌の夢は小安し

○、草木類は春の夢と秋の夢と同一の夢にても大に趣を異にすと

實驗家の說あり、春は高きこと多く、秋は安きこと勝つと、是亦參考とすべし

雜種之部

○、靑き色をみれば段々高し、赤きは急に高くして天升近く、黃色は持合にして、白きは安くして、黑きは一時安く逐々上る

○、八珍の滋膏其他山海の馳走、配膳等の夢は之を食せば安く、食せざれば高し

○、果物、菓子等の夢は概して安き方なれども、食せざれば高きことあり

○、大聲にて我れを呼ぶとみて夢醒むる如きは正しく神佛、或は靈告多しと云ふ、而して其際の夢の如きは必ず正應あり、若し夢なきときは其呼ぶ聲の陰陽を判じて相場を測れば又必ず的中することと多しと云へり

○、俄に老人となりたるをみれば安くして、若くなりたるは高し

○、氷の上を踏み或は氷滑り等の運動せし夢は一時大に高直あり

て後安し

○、水又は池の焚けるをみれば必ず不時入りて高き相場を出して後崩るゝことありと云ふ

○、火事の夢は概ね高し然れども水を注ぎ火消ゆれば安く、水を注ぎて熄まざるは大に高し

○、死人と談話を交へ、又死人俄に起き上るとみれば高し

○、交接の夢は安く、陽具は高く、陰具は安く、痴態を爲して未だ接せざれば高し

○、損失甚しき時大に利せりとみれば不吉なり、其方針を一變すべし、之に反して大損ありて悲嘆するとみれば吉兆なり必ず方針を變ずべからず

○、金銀貨幣を拾ふて持歸るとみれば不吉なり賣るに利あり、拾得せざれば吉なり買に利あり

○、水中、貝を採るとみれば大に安し

○、物を荷負ふとみれば安し、荷の大少により差あり

○、車に荷を滿載せる夢は安し

○、電燈、瓦斯、燈火等をみれば何れも安し

○、頭を物にて打ち又は人に打たるゝとみれば安し

○、物を煮て沸騰するとみれば安し

○、魚鳥を料理するとみれば高し

○、米の地上に落ちこぼれたる夢或は米を搗くとみれば必ず安し

○、夢ともなく現ともなき幻境に大なる音響を聞き、或は揺り起さるゝと覚へ、又高き所より落つるが如き感を為して俄然眼の醒めることあり、是の如きときは正應ある夢と疲れ（ ）感ずるこ

と等の別あれば、其情勢を察して判ずべし、音響にも來る方角あり、陰陽あることを注意するを要す

○、同一の夢を一夜の內に繰返してみ、又は翌夜に更にみる如きことあらば正しく應驗ある夢なりと云ふ

相場正夢考　終

大正二年十月四日印刷
大正二年十月十日發行
大正六年四月五日增補三版
昭和三年一月五日五版

定價金壹圓三十錢

著作者　東京市牛込區市ヶ谷山伏町一番地　九鬼盛隆
發行者　東京市日本橋區蠣殼町一丁目三番地　武井豐
印刷者　東京市芝區愛宕町二丁目十四番地　植田庄助
印刷所　東京市芝區愛宕町二丁目十四番地　常磐印刷株式會社

發行元　東京市日本橋區蠣殼町一丁目三番地
電話茅場町(66)一八〇五番
振替貯金一九四五八番
信義堂書店

新装版
古来未発　米株易占／相場正夢考

大正二年十月十日　初版発行
平成二十年七月七日　復刻版初刷発行
令和五年十一月十五日　新装版初刷発行

著者　九鬼盛隆

発行所　八幡書店
東京都品川区平塚二―一―十六
KKビル五階
電話　〇三（三七八五）〇八八一
振替　〇〇一八〇―一―四七二七六三

ISBN978-4-89350-864-5 C0014 ¥4800E